AF389558

NOUVEL ESSAI

SUR

L'ÉDUCATION.

NOUVEL ESSAI

SUR

L'ÉDUCATION,

A l'usage des Instituteurs de la Jeunesse,
Peres & Meres, Gouverneurs,
Précepteurs, &c.

CONTENANT

Un Discours sur l'Education, un nouveau Plan d'Etudes & d'Exercices pour la Jeunesse, *les Fruits de l'Education*, Piece Dramatique en trois actes & en prose; le tout précédé d'une Lettre de l'Auteur aux Instituteurs de la Jeunesse, dans tous les Pays, & notamment à ceux qui en remplissent les fonctions sous le titre de Gouverneurs, pour servir de Préface; & d'une Epître Dédicatoire.

Par M. DE LA COSTE, D. M.

Ancien Officier d'Artillerie au service de France, &c.

Imprimé par Souscription,

Avec la Liste des Souscripteurs à la fin de l'Ouvrage.

A BRUXELLES,

Chez J. B. JOREZ, Imprimeur-Libraire, rue au Beurre.

M. D. C. C. LXXXI.

AVEC APPROBATION.

ÉPITRE DÉDICATOIRE

A SON EXCELLENCE

Mᵐᵉ. L. C. D. F. Née D. D. &c.

Madame,

J'eusse vainement sollicité Votre Excellence de m'accorder la permission de lui dédier ce petit Ouvrage. Sa modestie, ingénieuse à lui fournir des prétextes de refus, m'en eût opposé cent. Cependant, MADAME, personne n'a plus de droits que vous à ce léger hommage, mon livre étant devenu en quelque sorte le vôtre, par les sages conseils dont vous m'avez honoré et dont la foiblesse de mes talens ne m'a pas toujours permis de profiter, et par les soins que vous avez bien voulu prendre pour me procurer une souscription sans laquelle il n'eût jamais vu le jour. A ces droits, qui naissent de vos bontés pour moi, et de ma vive reconnoissance, s'en joint encore un autre non-moins légitime; c'est, MADAME, le courage avec lequel vous avez supporté déja plusieurs fois les douleurs au prix desquelles s'achette le glorieux titre de mere, sans que jusques à présent il ait encore plu au ciel de vous en conserver aucun des doux fruits. Ce courage, qui prouve chez VOTRE EXCELLENCE le plus ardent desir d'avoir des enfans, annonce aussi la passion avec laquelle

EPITRE DEDICATOIRE.

Elle les chériroit. A qui, par consé=
quent, peut mieux appartenir le tribut
d'un travail dont l'objet est de rendre
la Jeunesse digne d'un amour tendre
et éclairé ! Je vous supplie donc,
MADAME, de vouloir bien
l'agréer ; et puissiez-vous le remettre
vous-même, un jour, entre les mains
des petits enfans de vos enfans, et
que cette nombreuse postérité vous res=
semble !

Je me suis interdit le plaisir flat=
teur de placer votre nom et vos qua=
lités à la tête de cette Epître, autre=
ment que par des lettres initiales,
persuadé que cette marque de ma res=
pectueuse déférence pour votre éloigne=
ment pour tout ce qui caresse un vain

EPITRE DEDICATOIRE.

orgueil, et même pour la louange la plus délicate, et la mieux méritée, me feroit obtenir graces sur le reste d'une liberté prise sans votre aveu : mais je n'ai pu me refuser la satisfaction de crayonner du moins quelques-uns des traits qui vous caractérisent.

Je dirai seulement que dans un siecle qui n'est pas, à beaucoup près, celui de l'Hymen heureux, vous offrez, conjointement avec le plus aimable, et le plus respectable des Epoux, le spectacle ravissant d'une union fondée sur un amour et une estime réciproques, qui se resserre encore tous les jours par les mêmes nœuds qui l'ont formée ; d'un couple dont le rang distingué est un des moindres avantages, et en qui l'on

EPITRE DEDICATOIRE.

ne cesse d'admirer les rapports les plus exacts, dans l'humeur et le caractère, dans les qualités brillantes et solides de l'esprit et du coeur; dans le goût et la pratique constante de toutes les vertus qui honorent l'humanité; et sur-tout, dans l'exercice habituel de la plus active bienfaisance; vertu subli= me, qui, exilée de presque toute la ter= re, semble avoir choisi vos ames pour sanctuaire...... Je m'arrête, malgré tout ce qu'il me resteroit à dire sur un Tableau si riche, si touchant et si rare; je me borne à cette esquisse, trop foible pour que vous ne la par= donniez pas, MADAME, au sentiment qui me pénètre, et qui me l'a fait hasarder, mais suffisante

EPITRE DEDICATOIRE.

pour vous faire reconnoître de tous ceux qui favent les obligations infinies que je vous ai, et qui ont le bonheur d'être quelquefois à portée de vous voir, et de vous entendre. C'eft fur-tout à leurs yeux qu'il importoit à mon coeur, et que je defirois le plus ardemment de vous donner ce léger témoignage de mon immortelle gratitude, et du très-profond refpect avec lequel je fuis, et ferai toute ma vie,

MADAME,

DE VOTRE EXCELLENCE,

Le très-humble & très-obéiffant ferviteur,
DE LA COSTE, D. M.

LETTRE
DE L'AUTEUR
AUX
INSTITUTEURS DE LA JEUNESSE,
DANS TOUS LES PAYS,

Et notamment à ceux qui en rempliſſent les fonctions ſous le titre de Gouverneurs, pour ſervir de Préface.

MESSIEURS,

Vous formez dans le monde, & ſur-tout en Europe, un corps auſſi conſidérable par le nombre de ſes membres, que reſpectable par l'importance, & je dis même, par la ſublimité de ſes fonctions, n'y en ayant point au-deſſus de celles d'inſtruire les hommes, & de les former à la vertu. D'où vient donc, MESSIEURS, que malgré cela votre état eſt preſque par-tout généralement moins eſtimé, & conſidéré que beaucoup d'autres qui lui ſont très-inférieurs à tous égards? Pourquoi les peres, & les meres, qui ſont les Inſtituteurs naturels de leurs enfans, & qui vous confient ces dépôts précieux, avec la tâche auſſi délicate que pénible de les remplacer auprès d'eux, ſont-ils les premiers à donner l'exemple de cette cruelle injuſtice, en vous traitant, pour la plupart, comme de viles mercenaires? Quelque familiariſé que l'on ſoit, quand on a un peu vécu dans le monde, avec ce qu'on appelle les contradictions de l'eſprit, & du cœur humain, il faut convenir que celle-ci a quelque choſe de ſi révoltant qu'on a droit d'en être étonné. Heureuſement que ce n'eſt pas un de ces phénomènes qu'on doive imputer au haſard, faute d'en pouvoir découvrir la cauſe, ni de ces vices à tel point enracinés qu'il ſoit abſolument impoſſible de les détruire. J'y ai ſouvent, & long-tems réfléchi, & je crois avoir trouvé à la fois, la ſource du mal, & le remede. Indiquer l'une & l'autre, eſt le principal objet que je me ſuis propoſé dans ce petit Ouvrage.

Je l'ai intitulé, *Eſſai ſur l'Education*, parce que cette matiere, preſqu'infinie, entroit néceffairement dans mon plan, mais n'y eft ni affez approfondie, ni affez difcutée, pour juftifier les titres faftueux de *Syftême* & de *Traité*, dont on décore fi gratuitement cette foule de petits écrits éphémères, & prétendus didactiques, dont on innonde le public de toute part. Je penfe, même, que l'on fera encore beaucoup d'Effais fur cet important objet, avant que nous y ayons un Ouvrage complet, & pleinement fatisfaifant. La carriere eft vafte. Au refte, fi quelqu'un voyant que je m'y traîne à pas de tortue, y entre après moi, y court avec rapidité, m'y renverfe, & atteint le but, le mien fera parfaitement rempli; je ferai confolé de ma chute par fon triomphe. En attendant, je donne ici réunis: un *Difcours fur l'Education*, un *nouveau Plan d'Etudes & d'Exercices pour la Jeuneffe*, & une efpèce de Drame, en trois actes & en profe, qui a pour titre : *les Fruits de l'Education.*

Mon premier, & principal objet, dans ces trois Ouvrages, qui à proprement parler n'en font qu'un, par les rapports qu'ils ont entre eux, & les fecours mutuels qu'ils fe prêtent, eft, comme je l'ai déja annoncé, MESSIEURS, de faire rendre, à vous, & à votre état, le degré d'eftime & de confidération qui vous eft dû. Mais c'eft particuliérement dans mon Difcours fur l'Education que je m'efforce d'arriver à ce but, en tâchant d'éclairer les peres & les meres fur les difpofitions, & les pré- cautions qu'ils doivent apporter dans le choix des Inftituteurs de leurs enfans, & en rappellant aux Inftituteurs eux-mêmes, toute la dignité de leur emploi, la nobleffe de leurs fonctions, l'étendue & la délica- teffe des devoirs qu'elles leur impofent; ce qui leur faifant faire d'eux-mêmes tout le cas qu'ils doivent, leur prête des armes pour fe faire rendre aufli par les autres les égards qui leur font dûs; car, dans quelque condition que l'on foit, lorfque l'on connoît bien, & qu'on remplit exac- tement fes devoirs, on a des droits incon- teftables à l'eftime publique, & encore à bien plus forte raifon, à celle des perfon- nes à qui l'on eft particuliérement & im- médiatement utile. Il n'y a que ceux qui dérogent à leurs emplois, quels qu'ils foient, par l'ignorance de leurs devoirs, ou par leur négligence à s'en acquitter, qui méritent d'être méprifés; & c'eft fur eux feuls, & non fur leur état, que ce mé- pris doit tomber. Mais avant d'en venir à cette jufte conféquence, & à celles qui en découlent naturellement, qui toutes en- femble rempliffent le double objet que je me fuis propofé, il m'a paru que je devois définir ce que c'est que l'Education ; établir sa néceffité indifpenfable pour tous les hommes en général, qui vivent en fociété, & plus particuliérement encore pour ceux qui par leur naiffance, ou leur fortune, font deftinés à tenir parmi eux un rang diftingué ; différencier l'Education publique de l'Education privée par les avantages & les inconvéniens qui leur font propres ; examiner en paffant les différences que doit apporter dans l'une & dans l'autre, la diverfité des climats, celle des Gouvernemens, des Loix, des Ufages & Coutumes de chaque Pays ; celle des claffes qui compofent par-tout la fociété, & plus encore celle des individus deftinés à les remplir ; indiquer les moyens que je crois les plus faciles, & les plus sûrs, pour tirer des facultés phyfiques & morales, de ces derniers, le meilleur parti poffible, par la pratique d'un très-petit nombre de préceptes fimples, puifés dans la nature, & dont l'expérience démontrera l'efficacité ; tous articles que je traite fuccintement, comme l'annonce le titre de cet Ouvrage.

Dans le Plan d'Etudes & d'Exercices pour la Jeuneffe, je tâche d'économifer le tems. au profit des progrès des jeunes gens, en fimplifiant la maniere de les inftruire, par une nouvelle méthode; en établiffant dans les connoiffances qu'on veut leur faire acquérir, une affociation, & une graduation, fondées fur l'analogie & le gradatime qui m'ont paru être naturellement entre elles, & qu'il me femble qu'on intervertit dans l'ancienne méthode en ufage dans les colleges. Je réduis par ce moyen à un fort petit nombre d'années le tems prefqu'infini qu'on emploie ordinairement à l'inftruction des enfans.

Les Fruits de l'Education, par où je termine, font, comme je l'ai dit, une efpèce de Drame, en trois actes & en profe, où j'ai tâché de mettre en action, ou fi l'on aime mieux, en fcènes dialoguées, les principes établis dans les deux précédens Ouvrages; c'eft un tableau de traits divers, & d'exemples variés, de vertus & de vices, réfultant d'une bonne ou d'une mauvaife Education, dont le contrafte m'a paru pouvoir amufer & inftruire. Les deux principaux rôles font ceux d'un Gouverneur & de fon Elève, que j'aurois defiré rendre deux modeles parfaits chacun dans leur genre. Quoique j'y ai fait tous mes efforts, je fuis loin de me flatter d'y avoir réuffi; mais, ,, *Quand on fait* ,, *ce qu'on peut, on fait tout ce qu'on doit.*

J'aurai

J'aurai toujours à m'applaudir de mon travail si, comme je l'espère, mes Lecteurs concluent avec moi, du concours des trois morceaux que je leur présente, que si un jeune homme vertueux & instruit, est l'Etre le plus intéressant de la nature, celui qui l'a formé en est le plus estimable, & le plus respectable.

Après vous avoir rendu compte de mon but, & de ma marche, il ne me reste plus, MESSIEURS, qu'à vous demander graces de la témérité que j'ai eue d'embrasser votre cause avec d'aussi foibles talens que les miens; mais vous y suppléerez efficacement si vous voulez vous considérer sous votre vrai point de vue. L'Histoire ancienne & moderne de tous les Peuples civilisés de la terre, fourmille d'exemples que des hommes aussi distingués par leur rang, que par leur mérite; que des Ministres enfin se sont fait une gloire d'associer vos fonctions à celles de leurs places éminentes, sans que les unes aient jamais empêché qu'ils ne remplissent dignement les autres. Quel encouragement pour vous, MESSIEURS, & qu'après cela vos devoirs doivent vous paroître nobles & faciles! Prenez ces grands hommes pour modèles; imitez-les, autant que le cercle plus borné où vous vous trouvez

B

placés peut vous le permettre, & vous deviendrez comme eux les objets de l'eſtime publique, & de la reconnoiſſance de la poſtérité; car, s'il eſt doux d'obéir à des Souverains ſages & éclairés, il eſt bien glorieux, bien ſatisfaiſant pour eux, & pour ceux qui partagent leur autorité, de gouverner des ſujets vertueux & inſtruits; & ceux qui ont conſacré leurs ſoins & leurs veilles à former les uns & les autres, ſont également les bienfaiteurs de l'humanité. C'eſt ſous ce titre que je vous repréſente dans tout le cours de ce petit Ouvrage, & que le premier je me fais gloire de vous aſſurer de la profonde vénération qui vous eſt dûe, que mon zèle a voulu vous faire obtenir de tout le monde, & avec laquelle je ſuis,

MESSIEURS,

Votre très-humble & très-obéiſſant ſerviteur,

DE LA COSTE, D. M.

DISCOURS

SUR

L'ÉDUCATION.

..... Les foins qu'on prend de notre enfance
Forment nos fentimens, nos mœurs, notre croyance.
VOLT. *Trag. de Zaïre.*

Qu'est-ce que l'Education ? C'eft ce qui
forme le cœur, l'efprit, & le corps de
l'homme : le cœur, par des préceptes, &
des exemples de vertu, qui, en dirigeant
toutes fes affections vers l'amour du bien,
lui en rendent la pratique douce, facile &
habituelle ; l'efprit, par l'étude des Sciences, des Arts, & des Lettres, qui, en l'en-
richiffant de connoiffances, & de talens
utiles & agréables, rend l'homme capable
des fonctions auxquelles il eft appellé dans
la fociété, & l'y place par-tout avec avantage ; le corps, par des exercices, qui, en

le rendant plus souple & plus robuste, donnent à tous ses mouvemens la force, l'agilité, & les graces dont ils sont susceptibles.

D'accord sur ce que l'on doit entendre par le mot *Education*, on ne le sera pas moins sur la nécessité absolue, & indispensable de la chose pour tous les hommes en général, & plus particuliérement encore pour ceux qui par leur naissance, ou leur fortune, sont destinés à tenir parmi eux un rang distingué : quelques réflexions suffiront pour cela.

L'homme naît-il également enclin au bien & au mal, ou avec des penchans différens pour l'un & pour l'autre ? Sans prétendre résoudre cette importante question, sur laquelle on se débat vainement depuis la création du monde, j'en tire une conséquence qui en découle naturellement de quelque maniere qu'on la décide : c'est qu'il faut faire éclorre & fortifier, chez tous les hommes, les germes de leur goût, & de leurs dispositions pour le bien, & déraciner, & extirper ceux de leur inclination pour le mal ; ce qui ne peut se faire que par le secours de l'Education. Ce qui n'est pas problématique, c'est que l'homme naît partout foible & ignorant. On sait aussi qu'il contracte cependant en venant au monde l'obligation indispensable de s'acquitter un jour envers la société des bienfaits qu'il en aura reçu ; ce qu'il ne peut faire qu'en devenant à fon tour utile à fes femblables, en raifon de fes facultés perfonnelles & acquifes. Tous ceux qui l'ont précédés ont travaillés pour lui : ceux qui lui ont donné le jour ; ceux qui préfervent fa foible enfance des dangers fans nombre qui la menacent à tout inftant ; ceux qui, foit directement, foit indirectement, pourvoient journellement à fes befoins; ceux qui l'inftruifent, & ceux qui rempliffent les charges, les emplois, & les diverfes fonctions de la fociété, en attendant qu'il puiffe les remplir lui - même : tous font autant de Cultivateurs qui n'ont femé que pour recueillir par eux, ou par leur poftérité. Tromper leur attente, c'eft enfreindre la premiere, & la plus ancienne de toutes les loix : la loi naturelle. C'eft là une vérité de fentiment qui devroit n'avoir pas befoin d'être débattue; le feul homme qui pourroit ne pas l'admettre feroit celui qui, jetté à fa naiffance dans une ifle déferte, y auroit toujours vécu fans l'intervention d'aucun fecours humain. Celui-là feul feroit difpenfé de toute gratitude envers fes femblables, puifqu'il ignoreroit même d'en avoir reçu la vie : mais l'on fent affez que c'eft ici un Etre de raifon, ou qui ne peut exifter fans miracle. Cependant, combien d'hommes fe conduifent dans le monde, comme s'ils étoient cet Etre! Ils usent, & même ils abusent de tout, sans rien mettre du leur dans la masse commune des travaux d'une société dont ils font partie, & dont ils sont ceux qui tirent le plus de fruits. Sages abeilles! vous ne souffrez point dans la vôtre d'inutiles frêlons! S'en présentent-ils qui viennent pour dérober le prix de vos laborieuses moissons, ils sont bientôt chassés ignominieusement de la ruche, moins encore pour empêcher leur larcin, que pour prévenir le dangereux exemple qu'ils y donneroient d'une pernicieuse, & coupable oisiveté. Quelle leçon pour ces hommes si vains de leur prétendue supériorité sur tous les Etres de la nature! mais poursuivons. Si l'homme contracte en naissant l'obligation indispensable de s'acquitter un jour envers la société des bienfaits qu'il en aura reçu, en devenant à son tour utile à ses semblables, en raison de ses facultés personnelles & acquises, qui est-ce qui développera les unes, & lui fera acquérir les autres, si ce n'est l'Education? De même que la chaleur bienfaisante de l'astre qui nous éclaire, ouvre & pénètre les pores de la terre, y met ses sels, & ses sucs en fermentation, pour en tirer des germes qu'ensuite elle vivifie, & fait fleurir & fructifier suivant les saisons; de même, dis-je, l'Education pénètre dans le cœur & l'esprit de l'homme, en développe les facultés & les fertilise, si je puis m'exprimer ainsi, en leur faisant produire avec le tems tous les fruits dont elles font les germes. Elle est donc absolument, & indispensablement nécessaire, comme je l'ai dit, à tous les hommes indistinctement ; mais avec des restrictions, & des modifications pour ceux qui font diversement constitués, ou nés dans des classes différentes, ou destinés à différentes fonctions dans la société : ce que nous allons tâcher d'éclaircir briévement.

Il est certain que la nature, si sage dans toute ses vues, & si variée dans toutes ses productions, n'a pas mis fans dessein dans l'espèce humaine, les différences fensibles qu'il y a entre ses individus, tant pour les facultés intellectuelles, que pour les physiques. Ne feroit-ce pas que les destinant à vivre en société, il falloit que chacun d'eux fût propre à quelqu'une des fonctions qu'elle exige, & non à toutes ? En effet, si tous étoient également pourvus de génie, de force, & d'adresse, aucun ne voudroit être subordonné à l'autre : la terre feroit fans Cultivateurs, les Arts & les Métiers fans bras pour les exercer ; les Etats feroient fans chefs, fans foutiens, fans défenfeurs ; le monde feroit une espèce de cahos anarchique, où chacun auroit le droit de tout faire, ou de ne rien faire du tout, plongé dans les ténè-

B 4

bres de l'ignorance, & tel qu'on nous le peint dans fon origine ; ou plutôt le monde n'exifteroit pas. L'inégalité des conditions, contre laquelle on a tant, & fi vainement écrit, feroit donc d'inftitution naturelle, puifqu'elle eft effentiellement néceffaire au maintien de la fociété, pour les befoins de laquelle la nature femble avoir différencié à deffein la conftitution organique des membres qui la compofent. Je fais tous les raifonnemens que l'on peut oppofer à cette affertion. Je n'y répondrai qu'un mot : c'eft que fi la fociété n'exiftoit pas, même telle qu'elle eft, il y auroit un très-grand nombre des facultés naturelles de l'homme qui feroit fans exercice ; & l'on n'a pas encore prouvé que la nature ait rien fait d'inutile. Si la fociété eft néceffaire, & d'inftitution naturelle, la différence des conditions l'eft auffi. On cite en vain l'exemple des Sauvages. Il n'y en a point fur toute la furface du globe qui vivent abfolument fans quelques Loix, ou Coutumes, qui leur en tiennent lieu, qui n'obéiffent à des chefs, & qui, par conféquent, ne forment une efpèce de fociété, & ne foient affujettis, du plus au moins, aux différences que fon maintien exige dans les conditions.

Cela pofé, l'Education de chaque homme doit être relative, & proportionnée à fes facultés personnelles, combinées, autant que faire se peut, avec les fonctions qu'il aura à remplir dans la société où il est destiné à vivre conformément à la classe dans laquelle il est né. On ne cultive pas toutes les plantes, même celles d'espèce semblable, d'une maniere uniforme dans tous les climats : on observe la qualité du sol, le tems où elles ont été semées, ou plantées ; la saison où elles doivent fleurir & porter des fruits, à raison du degré de chaleur auquel elles sont exposées, &c. & le Cultivateur procède en conséquence. Il en est de même de l'Education des hommes : on n'élevoit point un Athénien comme un Scythe, ni un Romain, sur-tout dans le siécle poli d'Auguste, comme un Gaulois. Mais indépendamment de ces considérations générales, il en est encore d'autres auxquelles il faut avoir égard. Par exemple, dans tout Etat, où la naissance & la fortune seules assurent des droits à la suprême autorité, aux premiers emplois, & aux grandes charges, qui exigent la réunion de presque toutes les connoissances, & de tous les talens du ressort de l'esprit, j'entends qu'on ne doit point élever celui qui ne doit jamais servir sa patrie que des bras, comme celui qui doit un jour la servir des bras & de la tête, ou de la tête seulement. Il seroit ridicule d'élever celui qui est destiné au Sacerdoce, à la Robe, ou au Cabinet, comme celui que l'on dévoue aux Armes, ou qui doit exercer les Arts, les Métiers, ou les travaux rustiques. Dans un Gouvernement républicain, c'est autre chose : chaque Citoyen pouvant prétendre aux dignités, aux grands emplois, & même aux places les plus éminentes, qui y sont presque toujours le prix du mérite, l'Education doit y être à-peu-près uniforme pour toutes les classes. C'est ce qui me fait croire que l'Education publique est celle qui y convient le mieux, comme l'Education privée convient mieux dans un Etat Monarchique. Mais dans l'une & dans l'autre, comme dans quelque Pays, & sous quelque Gouvernement que ce soit, la premiere, & la principale considération que l'on doit avoir en vue, est celle des dispositions, & des facultés personnelles de chaque individu, afin d'y proportionner l'espèce, & le nombre des connoissances qu'on veut lui faire acquérir. S'écarter de ce principe, c'est s'exposer à manquer le but, & à n'avoir en tout genre que des pygmées, c'est-à-dire, de ces *presqu'hommes*, qui, à force de savoir un peu de tout, & d'être un peu tout, ne savent réellement rien, & ne sont essentiellement rien. C'étoit la maxime d'un Ordre religieux, qui a été long-tems en possession d'éduquer la Jeunesse en France.

Cette Monarchie lui doit une grande partie des hommes célèbres qui l'ont illuſtrée depuis deux ſiécles. Actuellement que cet ordre n'y eſt plus, on s'apperçoit d'une différence ſenſible dans les progrès que font les jeunes gens dans leurs études. Mais je reviens à mon ſujet, dont cette courte digreſſion m'a un peu écarté.

On n'a pas dû conclure de tout ce que je viens de dire, qu'il faut un plan particulier d'Education pour chaque enfant. Mais auſſi gardons-nous de ces *Syſtêmes généraux*, de ces *Méthodes univerſelles*, que l'on ne trouve applicables à qui que ce ſoit. Ces titres pompeux n'en peuvent impoſer qu'aux ignorans. Il y a long-tems que l'on a dit pour la premiere fois, qu'un habit qui ſeroit fait pour bien aller à tout le monde, n'iroit certainement bien à perſonne. Les hommes diffèrent-ils donc moins entre eux par les facultés intellectuelles, que par la phyſionomie, & par la taille? C'eſt cette fureur de tout généraliſer qui fait que dans cette foule d'Ouvrages que nous avons ſur l'Education, il n'y en a pas un ſeul, je ne dis pas ſeulement, pleinement ſatisfaiſant, mais auquel on puiſſe même recourir avec confiance dans mille cas qui naiſſent tous les jours dans le cours de l'Education la plus ordinaire. La plupart des Auteurs qui ont écrit ſur cette importante matiere, ne se sont pas donné la peine de descendre au niveau des enfans, pour examiner de près les divers petits ressorts qui les meuvent, leurs rapports, leur opposition, leur degré de souplesse, ou d'élasticité, & ce qui constitue leur énergie, ou leur relâchement; toutes observations cependant très-nécessaires, & même indispensables, pour mettre ces divers petits ressorts en jeu, afin de tirer parti de leurs différens mouvemens au profit de l'action totale de la machine; car c'en est vraiment une, qu'un enfant, & l'on s'en rend maître avec un peu d'art. Beaucoup de ces gens à système ont fait de l'Education une opération purement métaphysique. Leurs plans sont des traités de morale, secs, arides, farcis de préceptes aussi inintelligibles qu'inpraticables, qui, s'ils parlent quelquefois à l'esprit, ne disent pas un seul mot au cœur. Ne pas raisonner du tout avec les enfans, seroit un mal; mais y trop raisonner, & exiger d'eux qu'ils raisonnent trop eux-mêmes, en seroit encore un bien plus grand. Je connois un de ces Ouvrages où l'Auteur donne pour principes généraux ceux qui ont été suivis dans sa propre Education; comme si tous les enfans lui ressembloient, & devoient être destinés aux mêmes objets que lui. Mais que dirons-nous de l'*Emile?* Rien, car j'ai vu écrit de la main même de l'Auteur, „ *qu'il*

» *avoit bien compté trouver des gens aſſez des-*
» *œuvrés pour le lire, mais qu'il n'avoit ja-*
» *mais imaginé qu'il y en eût d'aſſez peu cen-*
» *ſés pour vouloir le mettre en pratique.* N'au-
roit-on pas pu lui demander pourquoi donc
il s'eſt donné la peine de l'écrire ? Il falloit
qu'il changeât l'ordre de la ſociété , ou qu'il
fît un plan d'Education qui lui convint ;
mais cela n'eût pas été ſingulier. Je ne fini-
rois point ſi je voulois analyſer tous ces ſyſtêmes monſtrueux où l'abſurde ſe trouve
par-tout mêlé à l'impoſſible ; ce que j'en ai
cité ſuffit. On eſſaie un vêtement avant de
s'en ſervir. On doit faire de même de toute
méthode nouvelle , ſans avoir égard à la
charlatannerie des ſophiſmes , à la magie
des tours de phraſes , ni au cliquetis impo-
ſant des mots. Encore une fois , un plan
général d'Education qui puiſſe convenir à
tous les enfans , eſt encore une choſe à trouver , ou plutôt , eſt une choſe impoſſible ;
car , J. J. Rouſſeau , tout grand homme
qu'il étoit d'ailleurs , & tous ceux qui ont
écrits avant , & après lui , ſur cette matiere ,
ne nous ont laiſſé qu'un très-petit nombre
de préceptes à ſuivre , beaucoup d'écueils à
craindre , & une infinité d'erreurs à éviter.
Ce n'eſt pas ici la place d'une plus ample
réfutation de ces Auteurs ; mais je crois
pouvoir ajouter qu'en fait de traités , de
ſyſtêmes , & de plans généraux , il ne peut

y en avoir de bons que sur les objets où la marche de la nature étant uniforme, elle peut être prise sur le fait, si j'ose m'exprimer ainsi; & que ce n'est pas ici le cas, puisque nulle part elle n'est aussi inégale dans son cours, ni plus variée dans ses effets, que chez les individus dont on prétend restreindre la direction à des règles générales.

On procède à l'instruction de la Jeunesse, ou par une Education publique, ou par une Education privée. La premiere est celle qui se donne en commun à un certain nombre de jeunes gens dans les Universités, les Collèges, les Pensions, & autres Etablissemens faits pour cela. La facilité que donne un revenu ordinairement assez considérable, d'avoir d'excellens maîtres en tout genre, l'émulation qui naît parmi les enfans de l'envi de se surpasser les uns les autres, une vie réglée, une nourriture saine, un exercice perpétuel, & peu de dissipation; tels sont, à-peu-près, les avantages de ce genre d'Education, qui le font préférer à bien des gens, à l'Education privée. Il a cependant de grands inconvéniens. Voici les principaux : l'application des mêmes principes à des Etres qui diffèrent par leurs dispositions; le partage de l'attention, & des soins d'un très-petit nombre de surveillans, sur un grand nombre d'Elèves, dont chacun auroit besoin d'être surveillé, & soigné en particulier; le danger des liaifons, des querelles, & du mauvais exemple, qui croît parmi les enfans en raifon de la quantité qu'il y en a de réunis; la facilité que cette réunion donne aux vices de germer dans le cœur des jeunes gens, dont on ne s'applique à cultiver que l'efprit, ce qui entraîne l'impunité de mille petites infractions, qui dans leur principe ne font que des fautes légères, mais qui deviennent des crimes dans un âge plus avancé, quand on a négligé de les corriger; fans parler de beaucoup d'autres petits inconvéniens auxquels on peut parer, car je ne cite ici que ceux qui font inévitables.

L'Education privée eft celle que les peres & meres font donner à leurs enfans, fous leurs yeux, & par un Inftituteur particulier, qui dirige les autres maîtres qui concourent avec lui à l'inftruction des Elèves qui lui font confiés. Ce genre d'Education n'eût-il d'autre avantage que celui de réunir fur un feul, ou du moins fur un très-petit nombre d'enfans, toute l'attention & tous les foins d'un Inftituteur, c'en feroit affez, ce me femble, pour devoir le faire préférer. Combien d'autres en découlent! l'Elève, ne pouvant fe dérober à l'œil attentif de fon Gouverneur, s'habitue à ne rien dire & à ne rien faire, dont il puiffe craindre de l'avoir pour témoin; le Gouverneur de son côté, mettant tout à profit pour l'instruction de son Elève, tire parti des moindres circonstances ; n'en laisse échapper aucune ; étudie ses goûts, ses penchans, son aptitude ; règle sur cela un plan d'opérations, dont rien ne le distrait, ni ne l'oblige jamais à s'écarter. Les progrès du jeune homme pourront paroître lents, mais ils seront assurés : ce qu'il saura, il le saura bien, & son cœur se formera en même-tems que son esprit. On peut opposer à ces avantages considérables, les petits inconvéniens qui résultent quelquefois de la tendresse aveugle, & de la molle indulgence des parens pour leurs enfans ; des contes puériles des *bonnes* ; du mauvais exemple, ou de la complaisance dangereuse des domestiques, pour un maître présomptif ; mais ces petits inconvéniens sont faciles à prévenir, ou à parer, pour un Instituteur vigilant, & ne sauroient être mis en comparaison avec ceux de l'Education publique. J'ai dit cependant qu'on préféroit assez généralement cette derniere : la grande raison, c'est qu'elle est moins dispendieuse que l'autre, sur-tout pour des parens qui n'ont qu'un, ou deux enfans ; ils en sont quittes pour une modique pension ; d'ailleurs, ils se trouvent par-là dispensé de tout soin, ce qui pour le plus grand nombre est un point capital. Au reste, on a vu de grands hommes sortir des écoles publiques :

ques : il eſt donc poſſible d'y en former ; ce qui prouve qu'il n'y a pas de règle ſans exception.

Le ſuccès de l'un & l'autre genre d'Education dépend entiérement du choix des Inſtituteurs. S'ils ſont ſages & éclairés, ils tireront parti des avantages de tous deux, & en éviteront, autant que cela ſe peut, les inconvéniens. Mais où ſont-ils ces Inſtituteurs ſages & éclairés, & comment y en auroit-il ? L'ignorance, le préjugé, & un orgueil mal entendu, ont à tel point avili cet état, qu'un homme de mérite, ſi peu qu'il ait de délicateſſe, rougit aujourd'hui de l'embraſſer. Un grand Seigneur, un homme riche, donne un Gouverneur à ſes enfans, comme il prend un coureur, un nègre, ou un éduque, par air, par oſtentation, en un mot, parce que c'eſt l'*uſage*. Ce Gouverneur n'eſt regardé que comme une eſpèce de domeſtique, que l'on paye pour pouvoir dire que l'on en a un, & dont on ne ſe ſoucie guère de tirer d'autre parti que de ſe débarraſſer ſur lui du ſoin de veiller ſoi-même à ſes enfans. Vu de cette maniere, il eſt égal que ce Gouverneur ait du mérite ou non. S'il vend à vil prix ſon tems, s'il ſouffre patiemment toutes les humiliations qu'on veut lui faire éprouver, & qu'il n'ait jamais ni demandes, ni plaintes à faire, c'eſt l'homme qui convient à la place.

C

Mais à qui la place convient-elle ? Il en eſt de même des Inſtituteurs des écoles publiques : ils ſont regardés & traités, ainſi que les autres, comme de pauvres mercenaires, dont on achette le travail le meilleur marché que l'on peut, & envers qui l'on ſe croit quitte quand on leur a payé un modique ſalaire. Voilà la ſource du mépris où eſt tombé un état qui devroit être regardé comme un des premiers de la ſociété. Et qu'on ne diſe pas que ce mépris eſt juſtifié par le défaut de mœurs & de capacité chez la plupart de ceux qui l'embraſſent ; car, ſi celui qui ſe charge d'un emploi dont il eſt indigne ou incapable, à tort, ceux qui l'y placent, & qui l'y ſouffrent, ont encore plus tort que lui, puiſqu'ils ont été, & qu'ils ſont toujours les maîtres de faire un meilleur choix. Que l'on accorde à cet état la conſidération qu'il mérite, & à ceux qui le rempliſſent dignement, l'eſtime & les égards qui leur ſont dûs, & bientôt on n'y aura plus que des gens vertueux & inſtruits. Meres délicates, qui pour ménager votre ſanté, & ſouvent pour de moindres cauſes, vous diſpenſez de l'obligation que la nature vous a impoſée d'allaiter vos enfans ! que de précautions n'apportez-vous pas dans le choix de celles qui doivent vous remplacer ! Tout en elles devient un objet d'attention pour votre inquiéte tendreſſe : leur physionomie, leur teint, leur santé, leur lait, leur humeur, leur caractère, leur sensibilité, leur vigilance, leur prudence, & leur propreté ; ce sont là autant de points sur lesquels vous leur faites éprouver d'abord le plus rigoureux intérrogatoire, & ensuite le plus scrupuleux examen. Après cela, par combien d'égards, de complaisances & de bienfaits, n'excitez-vous point, n'encouragez-vous pas leur zèle ? Leur volonté, leurs goûts, leurs caprices mêmes, si elles en ont, deviennent des loix pour vous : à mesure que votre enfant croît, & se fortifie, vos bons procédés pour la nourrice s'augmentent ; la crainte de la perdre se joint à la reconnoissance, & ce dernier sentiment survit long-tems à vos obligations, & se perpétue souvent chez vous jusques à la mort de celle qui en est l'objet. Cependant quel service vous a-t-elle rendu ? Elle a fait part à votre enfant d'une substance qui lui seroit devenue inutile à elle-même, ou qui se seroit tarie dans ses sources, si elle n'eût trouvé à s'en débarrasser au profit de ses intérêts. L'avantage qu'en retire votre enfant, c'est d'exister ; mais que seroit pour lui l'existence sans l'Education ? Et vous, peres négligeans, que la nature n'a pas moins chargé du soin d'instruire vos enfans, que vos femmes de celui de les nourrir de leur lait, vous con-

C 2

fiez ces chers dépôts, & la tâche délicate & pénible de remplir près d'eux vos fonctions, à des gens souvent sans aveu, comme sans mœurs & sans talens ; vous les prenez sans examen, sur la foi d'autrui ou sur la leur ; vous faites prix avec eux comme avec un manœuvre, & vous vous en tenez-là ! Et si le hasard vous a fait rencontrer un homme de mérite, vous ne le distinguez point d'un autre, vous n'excitez ni n'encouragez son zèle par aucun égard ; au contraire, vous l'humiliez en toute occasion ; à peine l'admettez-vous quelquefois à votre table : & quand après plusieurs années de soins, de travaux & de peines, vous & vos enfans, lui avez l'obligation du plus important des services, de celui qui seule peut faire attacher du prix à la vie, sa récompense se réduit à un peu d'argent ; & la reconnoissance que vous lui devez ne peut même le sauver, ni lui, ni son état, du mépris injuste que vous en avez fait tout le tems qu'ils vous ont été utiles. Quelle inconséquence ! & ne voyez-vous pas que ce mépris réjaillit sur vous-mêmes, & devient la cause des vices qui déshonorent l'humanité dans la plupart des jeunes gens, en éloignant de l'emploi d'Instituteur tous ceux qui se respectant un peu ne peuvent, ni ne doivent souffrir d'être méprisés ? Quel est le motif le plus puissant de l'amour des enfans pour leurs peres & meres ? Seroit-ce de leur devoir le jour ? Non, c'eft la reconnoiffance des foins qu'ils ont pris pour les former, ou les faire former à la vertu, & pour leur faire acquérir les connoiffances & les talens qui feules, je le répète, peuvent donner du prix à l'exiftence, & fans lefquels elle feroit un fardeau. Ainfi les parens qui négligent ces foins, de quelque façon que ce foit, ou par leur propre incapacité, quand ils s'en chargent eux-mêmes, ou par le mauvais choix de ceux par qui ils fe font remplacer, ou enfin, par leur manque d'égards pour ces derniers, ce qui les décourage, & leur fait négliger à eux-mêmes, leurs devoirs; ces parens, dis-je, non-feulement deviennent coupables de toutes les fuites de cette négligence, par rapport à leurs enfans, mais perdent tous leurs droits à leur tendreffe.

Je reviens à l'état d'Inftituteur; & pour mieux faire fentir l'injuftice du mépris que l'on en fait, je vais en analyfer les fonctions. Du moment qu'un Gouverneur devient dépofitaire de l'autorité paternelle fur l'Elève confié à fes foins, il doit prendre pour lui tous les fentimens de celui qu'il remplace. Ce n'eft plus l'enfant d'autrui qu'il doit voir en lui, c'eft le fien propre; avec cette feule différence que fon amour, loin d'être aveugle & inconfidéré, comme chez la

plupart des peres, doit être éclairé & cir-
conspect, & moins paroître par des caresses
faites à tout propos, & par conséquent souvent à contre-tems, que par une vigilance
active, & une attention constante à écarter
tout ce qui peut retarder ses progrès dans
la vertu, & dans les sciences, en ne négli-
geant rien de tout ce qui peut les accélérer.
Soigneux d'acquérir la confiance de son
pupile, il doit tout employer pour l'obtenir sans réserve, & s'en servir ensuite pour
l'étudier, comme il feroit un problême dif-
ficile, ou une machine dont les ressorts com-
pliqués lui seroient cachés. Le connoît-il
parfaitement; ses goûts, ses penchans, ses
passions, ses vices mêmes, s'il en a, sont
autant de moyens dont il doit faire usage
pour diriger son cœur & son esprit, vers les
deux buts auxquels il veut le faire atteindre. N'épargnant pour cela ni tems ni travail, il met à profit toutes les circonstances qui se présentent de lui faire acquérir,
ou exercer quelque vertu; il fait naître,
même ces circonstances, si cela est nécessaire; il emploie ses veilles à élaguer avec grand
soin les difficultés qui se trouvent à l'entrée
de la carrière des Sciences, & qui rebutent
ordinairement les jeunes gens; il extrait des
Auteurs classiques, qui n'ont jamais assez
dit, ce qu'ils ont de bon, & en retran-
che les inutilités scholastiques; il simplifie,

éclaircit les matieres; en établit l'ordre, &
en proportionne l'espèce, & le nombre, à
l'aptitude de son pupile, dont il facilite ainsi
les progrès; il l'habitue à penser tout haut,
ne laisse jamais aucune de ses questions sans
réponse, en fit-il même d'indiscrettes, sa
prudence devant l'éclairer alors sur la façon d'y répondre; il excite adroitement sa
curiosité sur les objets qu'il veut lui faire
connoître, l'échauffe, s'il en est besoin, &
la satisfait ensuite pleinement. Lui fait-il
parcourir l'histoire; il observe avec attention l'effet que produisent sur lui les traits
divers qu'elle présente, lui en demande son
sentiment, l'approuve quand il est juste, &
le rectifie quand il ne l'est pas. Il fait de
même des évènemens qui arrivent dans la
société, en le faisant raisonner sur tous, &
le rectifiant ensuite. C'est ainsi que par degré le cœur & l'esprit du jeune homme se
forment l'un par l'autre. A mesure que
ses idées s'étendent, ou s'élévent, l'Instituteur a grand soin d'étendre & d'élever les
objets qu'il traite avec lui : dans la chaîne
des Etres, qu'il lui fait parcourir, en re-
montant du ciron à l'homme, & de l'homme au Créateur de toutes choses, il impri-
me dans son ame les sentimens de dépen-
dance, & de gratitude qu'il doit à la Divinité, & ceux d'humanité, d'amour & de
bienveillance, qu'il doit à ses semblables.

Un homme poſſédant rarement toûtes les connoiſſances, & tous les talens qui entrent dans l'Education d'un jeune homme de condition, ſur-tout, au degré qu'il le faut pour pouvoir les enſeigner, c'eſt à l'Inſtituteur à faire un choix prudent & raiſonné, de maîtres qui puiſſent concourir avec lui à l'inſtruction de ſon Elève. Il doit préſider à leurs leçons, les diriger, & en régler l'ordre, le tems, & la marche, comme des ſiennes, ſur le plus ou le moins de diſpoſitions du jeune homme, de ſorte qu'il ne ſoit jamais rebuté par l'excès du travail, ni livré un ſeul inſtant à l'oiſiveté. Dans les momens conſacrés aux amuſemens, il doit lui en procurer qui l'inſtruiſent. Il n'y a pas un ſeul des jeux de l'enfance dont un Inſtituteur ne puiſſe tirer parti au profit du cœur, ou de l'eſprit de ſon pupile ; tout l'art conſiſte à donner à l'inſtruction l'air du divertiſſement. Quand le tems de voyager eſt arrivé, l'Inſtituteur ne doit pas ſe borner à ne faire voir à ſon Elève, que des Pays différens ; c'eſt l'inſtant de lui faire connoître les hommes, d'étendre la ſphère de ſes idées ; de lui rappeller ce que l'Hiſtoire, & la Géographie lui ont appris, & de lui en faire faire une juſte application aux diverſes contrées qu'il parcoure, en lui faiſant étudier & comparer les Loix, les Uſages, & les Coutumes de chaque Peuple ;

les productions de chaque climat, &c. de façon qu'il ne soit étranger nulle part, & qu'à son retour il puisse se rendre compte de tout ce qu'il aura vu, & en profiter dans l'occurence, pour se rendre plus utile à sa patrie dans les places qu'il occupera. Si l'Instituteur a eu soin, comme il a été dit plus haut, de profiter de toutes les occasions qui se feront présentées, & même d'en faire naître, de faire exercer à son Elève les vertus qu'il aura fait germer dans son cœur, il lui aura donné le goût, & l'habitude de faire le bien ; il le remettra à sa famille aussi vertueux qu'instruit, & il aura parfaitement rempli les deux objets d'une bonne Education.

Je demande à présent si cet Instituteur n'a droit qu'à la récompense pécuniaire dont on est convenu avec lui ; & s'il n'en a pas, & même de bien établis, à l'estime publique, aux égards de la société, & à l'immortelle gratitude des parens de son Elève ? Cependant tout ce qu'il doit en attendre, c'est peut-être une légère gratification. Hommes ingrats ! quels services faut-il donc vous rendre, & quel bien faut-il vous faire pour que vous soyez reconnoissans !

Mais, me demandera-t-on, où trouver un Instituteur tel que celui que vous venez de peindre ? On n'en devroit trouver nulle part tant que cet état sera fermé au mérite, par le mépris injuste que l'on en fait. Cependant il y en a, & j'en connois; & il n'y en auroit bientôt plus d'autres, si la carriere étant ouverte à la vertu & au savoir, l'estime & la considération y suivoient ceux qui l'embrasseroient. L'homme vraiment digne, & capable de la remplir, est nécessairement au-dessus de tout intérêt. L'argent ne pouvant acquitter ses soins, & ses travaux, il lui en faut un autre prix; & ce prix est, comme je l'ai dit, l'estime & la considération auxquelles doit prétendre le mérite, par-tout où il se trouve.

L'origine du discrédit où est tombé cet emploi, c'est que par des vues étroites, & des motifs d'intérêt, on y a placé sans choix tous ceux qui se sont offerts pour le remplir. Leur incapacité leur ayant attiré un juste mépris, on a confondu l'état & l'homme, & le mérite s'est éloigné. Voilà la source du mal; une conduite opposée en est le remede. Encore une fois, qu'on accorde à cet emploi honorable les distinctions qui lui sont dûes, & à ceux qui le rempliront dignement, les égards, & la considération qu'ils méritent, & bientôt l'on n'y verra plus que des hommes aussi distingués par leurs mœurs que par leurs talens. Combien de gens de condition, d'anciens militaires, & de gens de lettres, qui ont tous reçus, eux-mêmes, une Education cultivée, &

qui font fans fortune, & fans emploi, embrafferoient celui-ci, fi au lieu d'être avili comme il l'eft, il étoit honoré comme il devroit l'être ! Tant que le préjugé reftera, je le répète, un homme qui fe refpectera un peu, s'il n'y eft contraint par l'urgente néceffité, ne l'embraffera point ; car c'eft à cette feule néceffité que l'on doit aujourd'hui le très-petit nombre de gens de mérite que l'on y trouve.

En traçant plus haut la conduite d'un Gouverneur envers fon Elève, j'ai indiqué à-peu-près, & autant que mon éloignement pour toute méthode générale a pu me le permettre, la marche que l'on doit fuivre dans le cours de l'Education d'un jeune homme. Mais c'eft une erreur, & même très-dangereufe, quoique fort commune, de croire que l'Education d'un enfant ne commence qu'avec fon inftruction : elle commence du jour qu'il vient au monde. Si l'on cède à fes premiers cris, ce qui arrive prefque toujours, ou par l'inquiéte tendreffe des meres, ou par la crainte fervile des nourrices, il ne faut plus attendre de tranquillité de fa part, à moins qu'on ne fatisfaffe fur-le-champ toutes fes fantaifies. Le petit Egoïfte, qui dans fes premieres idées rapporte tout à lui, exige qu'on le berce quand il veut être bercé, qu'on le couche, qu'on le lève, qu'on joue avec lui, quand cela lui plaît; le plus petit retard lui donne de l'humeur; il la manifeste par fes pleurs, qu'il fait qui lui réuffiffent; c'eft un defpote qui veut être obéi; plus tard ce fera un tyran, qui, à la moindre contradiction qu'on lui fera éprouver, joindra la menace à l'ordre, & la vengeance au dépit. Voyez le faire fes premiers effais de méchanceté : d'abord il rifque un petit coup fur la joue de fa nourrice ou de fa *bonne*; il lui tire fon mouchoir, ou fa coëffure, & il attend en fouriant l'effet que cela produira. Si on ne le corrige pas à la premiere fois, il frappera, ou tirera plus fort à la feconde; & l'impunité l'enhardiffant, il en viendra à égratigner, & à déchirer. Les corrections que ces fautes pourront lui attirer par la fuite, venant trop tard, ne ferviront qu'à lui faire employer l'art, & la fauffeté, pour mafquer fes défauts aux yeux de ceux qui auront de l'autorité fur lui; mais quand une fois il fera devenu fon maître, fon naturel ne fe contraignant plus, il deviendra le fléau de tous ceux qui lui feront fubordonnés. J'ai fuivi des enfans depuis le berceau jufques à l'âge viril; pas un n'a démenti mon pronoftic fur fon caractère, bon ou mauvais. On ne fauroit donc réprimer de trop bonne heure les méchans naturels, ni habituer trop-tôt les enfans à retenir leurs premiers mouvemens, à être patiens, dociles, & à supporter sans humeur l'attente, & même la privation de ce qu'ils désirent. Cela est de la plus grande importance pour leur propre bonheur, & pour celui de ceux qui auront à vivre avec eux. Ce que je dis ici pour le moral, peut s'appliquer aussi au physique des enfans : c'est de la trop longue inaction où on laisse leurs membres, serrés & contraints dans des langes, que naissent leur foiblesse, leur défaut de souplesse & d'agilité, & souvent des maladies qui les affligent dans le cours de leur vie, & avancent pour eux la caducité, & quelquefois la mort. Une autre raison, c'est que dans les Pays où l'on ne connoît pas l'usage cruel d'emmaillotter les enfans, il y en a très-peu de contrefaits, si ce n'est ceux qui l'étoient en venant au monde.

Je reviens à l'erreur où sont la plupart des peres & des meres, sur l'âge où l'on doit commencer à éduquer & instruire les enfans. On leur entend dire tous les jours : mon fils n'a que quatre à cinq ans ; il est encore trop jeune pour lui rien faire apprendre. Il a cependant appris à cet âge à se faire très-bien entendre dans la langue qui lui est familiere. Combien pour cela n'a-t-il pas fallu qu'il retint des mots, qui sont entrés dans sa tête par ses oreilles ? A mesure qu'il les articuloit, ces mots, n'au-

roit-on pas pu mettre fous fes yeux les caractères qui fervent à les repréfenter, lui
en apprendre les noms, l'ufage, & les diverfes combinaifons? Il auroit prefqu'auffi-
tôt fu lire que parler. Combien de facultés
cela auroit développé, & exercé en lui ;
& quelle facilité cela donneroit par la fuite
pour étendre & accélérer fes progrès dans
les Sciences ? Mais c'eft un ufage établi prefque par-tout de faire perdre un tems confi-
dérable aux enfans. C'eft cependant la feule
perte qui ne fe répare pas. On laiffe quatre
ou cinq ans leur intelligence oifive, pour
ne meubler leur mémoire que de mots, ou
de contes puériles ; on n'exerce leur imagination que fur des géans, des fées, des
fantômes, des efprits qui reviennent, &
fur cent autres abfurdités de cette efpèce,
qui ne fervent qu'à obfcurcir leurs idées,
à rétrécir leur génie, & à leur donner une
forte de poltronnerie, ou de pufillanimi-
té, qu'ils confervent fouvent toute leur vie.
On ne fait pas attention que les premieres
impreffions qu'ils reçoivent font celles qui
jettent dans leur ame de plus profondes ra-
cines ; & que puifqu'ils font fufceptibles de
toutes celles que je viens de dire, ils le feroient également d'autres, plus juftes & plus
utiles, telles que l'idée d'un Etre fuprême,
auteur & maître de toute chofe, & infiniment au-deffus de papa, & de maman ;

qu'il faut aimer & prier, parce que c'eft lui qui donne tout ; qu'il ne faut point offenfer, parce qu'il eft jufte & tout-puiffant ; & que s'il récompenfe les bons, il punit les méchans ; qu'on ne peut tromper, parce qu'il eft par-tout, qu'il voit tout, & qu'il fait tout, le préfent, le paffé & l'avenir ; à qui il faut demander pardon de fes fautes, & bien promettre de n'y plus retomber, parce que plein de bonté, & de clémence, ils pardonnne à ceux qui fe répentent fincérement, &c. Ces notions fimples de la Divinité fouvent répétées, fe gravent petit-à-petit dans l'efprit, & le cœur d'un enfant, & y reftent empreintes fans mélange de puérilités, ni de craintes fauffes & dangereufes. Si quelque jour les paffions viennent y porter quelqu'atteinte, le fentiment intime qui en aura été gravé fortement dans fon ame, y rappellera tôt ou tard celui des devoirs dont il fe fera écarté ; au lieu que fi ces notions lui ont été données après coup, & entre-mêlées d'autres, qui leur foient étrangères ou oppofées, il y a à craindre que fi jamais il s'égare, ce ne foit fans retour. Il faut, dit-on, du merveilleux aux enfans. Pourquoi ? mais quand cela feroit, tout n'eft-il pas merveilleux pour eux ? Et combien leur ignorance, & leur crédulité naturelle, ne fourniffent-elles pas d'occafions, & de moyens d'opérer à leurs yeux de petits prodiges qui les inftruiroient en les amufant! On fent affez que ces moyens ne doivent être employés qu'avec une extrême prudence, que le trop de fréquence feroit un abus, & tout abus eft dangereux.

Fait-à-fait que l'intelligence d'un enfant s'étend, que fa mémoire fe forme, & que fa curiofité s'accroît, il faut étendre les idées qu'on veut lui tranfmettre, en les lui préfentant toujours juftes, & d'une maniere proportionnée à fes facultés. D'abord, ce font les noms bien articulés, & non d'une façon mignarde, de tous les objets qui l'environnent; delà, on paffe à leur ufage, enfuite viennent ceux qui font un peu plus éloignés, & qui y ont rapport; en pourfuivant ainfi, toujours de proche en proche, & fans s'écarter jamais d'une gradation proportionnelle entre les objets, combinée avec les développemens fucceffifs des facultés de l'enfant, on parviendra à lui donner des notions diftinctes de tout ce qui fera à fa portée. On voit, je crois, fans que je m'étende davantage fur cet article, que cette méthode fubftituée à celle de laiffer quatre ou cinq ans les enfans dans une inertie abfolue, ou de ne les occuper que d'idées fantaftiques & inutiles, les mettroit de très-bonne heure en état de s'appliquer aux chofes férieufes : c'eft alors qu'au lieu de leur faire perdre fix ou fept années, comme c'eft

encore

encore l'ufage, à apprendre des langues mortes, genre d'étude qui ne remplit leur tête que de mots, c'eft alors, dis-je, que je voudrois qu'on leur enfeignât dans celle qui leur eft familiere, les Elémens de la Grammaire. Outre l'avantage que cela leur procureroit de bien s'exprimer dans leur propre idiôme, cela leur faciliteroit l'étude des autres langues, quand dans un âge plus avancé ils voudroient y employer une couple d'années, qui pour lors leur suffiroient. Les Elémens de la Grammaire fe réduifant à un petit nombre de principes clairs, faciles à apprendre, & à retenir, l'étude n'en feroit regardée que comme une diverfion à celle de la Religion, la premiere, & la plus effentielle des connoiffances que l'on doive faire acquérir aux enfans. Suivant après cela le Plan d'Etudes & d'Exercices, que je vais donner, toujours en obfervant les proportions, & les gradations que j'ai recommandées plus haut, & en faifant marcher de niveau les progrès du cœur, & ceux de l'efprit, il arrivera que les jeunes gens fe trouveront tout formés, & des hommes faits, à l'âge où on les voit communément fortir des collèges, où ils n'ont reçu que des idées vagues, des notions fuperficielles, en un mot, des teintes fans veftiges d'Education.

Avant de paffer au Plan d'Etudes & d'Exercices, dont je viens de parler, je

D

crois devoir répondre d'avance à quelques queſtions que l'on pourroit me faire. Par exemple, pourquoi dans un Ouvrage ſur l'Education n'ai-je dit qu'un mot de l'Education publique, qui eſt cependant la plus générale ; pourquoi n'ai-je point parlé de celle du beau ſexe ; d'où vient n'ai-je écrit que pour la claſſe des Gens de condition, ou des riches ; comment, en voulant proſcrire toute méthode générale, en ai-je donné une moi-même pour cette claſſe ; enfin, ſur quoi ſont fondés les principes que j'établis ? Je prie ceux qui pourroient me faire ces queſtions de ſe rappeller que j'ai dit que mon principal objet étoit de tâcher de faire rendre à l'état d'Inſtituteur de la Jeuneſſe, le degré d'eſtime & de conſidération qui lui eſt dû ; ainſi je n'ai dû traiter que ce qui avoit rapport à ce but, & ce qui pouvoit m'y conduire, & j'ai pu ne parler que légèrement, & même ne point parler du tout du reſte. Quoique le titre d'Inſtituteur convienne à tous ceux qui enſeignent la Jeuneſſe, ce ſont ceux qui en rempliſſent les fonctions en qualité de Gouverneurs, que j'ai eu particuliérement en vue, comme on a dû le voir par la lettre que je leur adreſſe à la tête de cet Ouvrage, & comme on le verra bien mieux encore par le Drame qui ſuivra le Plan d'Etudes & d'Exercices ; or il n'y a que les Gens de condition, ou les

Gens riches, qui donnent un Gouverneur à leurs enfans. D'ailleurs beaucoup de mes principes peuvent s'appliquer à l'Education publique, même pour toutes les claffes de la fociété, & il n'en eft aucun, qui avec les reftrictions néceffaires, ne convienne à l'Education des jeunes Demoifelles. Si les qualités que j'exige dans un Gouverneur fe trouvent en proportion dans une Gouvernante, elle fera de très-bonnes Elèves auffi, & la même récompenfe lui fera dûe. J'ai dit qu'il falloit faire de toute méthode nouvelle ce qu'on fait d'un vêtement : l'effayer avant de s'en fervir. C'eft ce que je recommande fur-tout à l'égard de la mienne. Si on l'examine avec attention on verra que je n'en prefcris l'ufage pour chaque individu en particulier, qu'avec des modifications relatives à fes facultés perfonnelles; ce qui eft très-éloigné de vouloir en rendre l'application générale à quelque claffe que ce foit. Quant à mes principes, ce font les fruits de trente années d'expériences, & de réflexions; toutefois je fuis prêt à les rectifier fur de meilleurs, fi on m'en fait connoître, & à y renoncer tout-à-fait, fi après en avoir fait l'épreuve on fe plaint de leur inefficacité. Je terminerai ma réponfe aux queftions ci-deffus par où j'aurois pu la commencer, par faire reffouvenir ceux qui pourroient me les faire que ce petit Ouvrage n'eft qu'un eſſai, & qu'un eſſai n'eſt ni un fyſtême, ni un traité. Quant à moi, je ferai bien fatisfait fi je fuis parvenu à convaincre mes Lecteurs. 1°. Que l'état de Gouverneur de la Jeuneffe eft honorable. 2°. Qu'il ne s'agit que de l'honorer comme il doit l'être, pour y appeller des gens d'un parfait mérite. 3°. Que toute méthode générale d'Inftruction eft abſurde. 4°. Que l'Education des enfans doit commencer dès le berceau, & leur Inftruction dès qu'ils articulent, & qu'ainſi on ne fauroit les retirer trop-tôt des mains des nourrices, & des *bonnes*, pour les remettre dans celles d'un Inſtituteur fage & éclairé. 5°. Et enfin, comme je l'ai dit, & comme je le répèterai encore, que fi un jeune homme vertueux & inſtruit, eft l'Etre le plus intéreffant de la nature, celui qui l'a formé en eft le plus eſtimable, & le plus refpectable : or je crois avoir prouvé tout cela. Je paffe au nouveau Plan d'Etudes & d'Exercices que j'ai promis, en prévenant encore une fois qu'il n'en faut ufer qu'avec les reſtrictions & les modifications qu'exigeront les facultés perfonnelles des jeunes gens, auxquels on voudra le faire fuivre ; pouvant s'en trouver pour qui il faudroit en changer l'ordre & la marche, & même à qui il ne pourroit convenir en aucune façon ; ce qui ne feroit cependant ni la faute de mon Plan, ni la mienne.

NOUVEAU PLAN

D'ÉTUDES ET D'EXERCICES

POUR LA JEUNESSE.

Ce nouveau Plan suppose que ce qui a été dit plus haut dans le Discours sur l'Education, touchant l'emploi des premieres années d'un enfant, a été exactement observé, c'est-à-dire, qu'à six ou sept ans il parle distinctement, sait lire passablement, un peu écrire; qu'il a quelques principes de sa Religion, des notions générales des objets qui sont à sa portée, & qu'il est pourvu d'intelligence & de mémoire, au moins au degré que le sont ordinairement les enfans de cet âge. On suppose encore l'Instituteur tel qu'on l'a peint dans le même Discours, sage, éclairé, & susceptible de prendre pour son Elève tous les sentimens d'un pere raisonnable, c'est-à-dire, d'un pere tendre, sans foiblesse.

Tout cela posé, je divise le cours des Etudes & des Exercices de la Jeunesse, en cinq parties, ou classes, chacune d'environ deux ans, plus ou moins, ce qui dépendra du plus ou moins d'aptitude dans les Elèves, ou du plus ou moins de capacité, ou de zéle dans les Inſtituteurs.

PREMIERE DIVISION.

On perfectionnera les enfans dans la Lecture & l'Ecriture, en leur faiſant lire & copier ce qu'il y a de mieux écrit dans leur langue, ou dans celle qui leur eſt la plus familiere, ſur leur Religion; ce qui ſervira à la leur apprendre parfaitement, ainſi que l'Ortographe. On leur enſeignera les règles de la Grammaire, qui étant applicables à toutes les Langues, leur ſerviront pour toutes celles qu'ils voudront apprendre par la ſuite. L'Inſtituteur élaguera avec grand ſoin toutes les puérilités ſcholaſtiques, ces définitions métaphyſiques, & ſouvent inintelligibles, & ce fatras d'inutilités dont la plupart des Ouvrages claſſiques & élémentaires ſont farcis; il ne leur préſentera que des principes clairs, ſimples, & d'une maniere qui les inculque ſans peine dans la mémoire, & qui les y rappelle les uns par les autres. L'Arithmétique fera diverſion à ces deux Etudes, en commençant par l'Addition, & pourſuivant juſques à l'Algèbre, excluſivement, ce qui comprend les quatre premieres règles, ſimples d'abord, enſuite compoſées, & par fraction; les règles dites de trois, de compagnie, &c. La danse sera l'Exercice de ces deux premieres années, en observant que le Maître s'attache plus à donner de la grace à l'Elève, de la souplesse, & de l'agilité à ses mouvemens, qu'à en faire un figurant de ballets, comme dans la plupart des Académies, & des Collèges.

SECONDE DIVISION.

Un cours abrégé de Mathématiques, comprenant l'Algèbre, le calcul des proportions, la Géométrie, la Planimétrie, la Trigonométrie, les Sections Coniques, les Loix du mouvement, celles du choc des corps, les Méchaniques, &c. Les Mathématiques étant la clef de toutes les Sciences, & de tous les Arts, on ne sauroit trop-tôt en enseigner aux jeunes gens les parties ci-dessus, qui conduisent à tout. L'Instituteur aura l'attention, comme nous l'avons recommandé pour la Grammaire, d'élaguer les superfluités, & de simplifier la méthode, par l'ordre & l'éclaircissement des démonstrations. On joindra à cette Etude celle de la Cosmographie, qui traite de la forme, de l'étendue, & des propriétés du monde visible. Pour diversion on enseignera le Dessin, en commençant par la figure, le paysage, & les choses mortes. La Musique, vocale ou instrumentale, suivant le goût, & les dispositions des jeunes gens, remplacera la Danſe, & ſervira d'Exercice.

TROISIEME DIVISION.

L'Hiſtoire ſacrée & profane, en faiſant faire aux Elèves des extraits raiſonnés des faits les plus intéreſſans, & des traits qui les auront le plus frappés. Cela ſervira à les leur inculquer dans la mémoire, & à faire connoître leur maniere de voir, & de ſentir, que l'on rectifiera, s'il en eſt beſoin, en les habituant à écrire d'une maniere conciſe, & cependant exacte. On joindra à cette Etude celle de la Mythologie & de la Fable, en en faiſant faire des extraits, comme de l'Hiſtoire, & en ne laiſſant jamais èchapper l'occaſion de faire remarquer les rapports qu'il y a quelquefois entre les traits fabuleux, & les hiſtoriques, ceux-ci ayant ſouvent donné lieu aux autres. Dans l'Hiſtoire profane on comprendra celles des Etats, & des Gouvernemens actuellement exiſtans, particuliérement de ceux qui ſont en Europe ; ce qui comprend celle de leur origine, celle de leurs différentes révolutions, & celle de leur ſituation préſente. La Géographie, ancienne & moderne, doit néceſſairement accompagner l'Hiſtoire & la Fable, en faiſant chercher aux Elèves, ſur de bonnes cartes, les lieux dont l'une & l'autre font mention. Pour diverſion, on donnera des leçons de Style Epiſtolaire, qui me doivent être, à proprement parler, que des corrections. L'Instituteur donnera des sujets de correspondance, sur des objets relatifs aux connoissances acquises des Elèves, à leurs affaires domestiques, à celles de tout genre qu'ils feront dans le cas d'avoir à traiter par la suite, &c. Ils écriront d'après leurs propres idées, sans modèles, sans conseils; l'Instituteur corrigera leurs lettres, & les leur fera mettre au net.

Dans presque toutes les maisons publiques d'Education il est d'usage de faire écrire les jeunes gens à leurs parens. On leur fait pour cela des brouillons qu'ils copient mot à mot. Cela leur rend le génie paresseux; cela restreint leurs idées, rétrécit leur imagination, & leur refroidit l'ame; ils ne pensent que d'après autrui. La méthode qu'on indique ici obvie à tous ces inconvéniens, & doit produire les avantages qui y sont opposés. Le Dessin & la Musique continueront à servir d'Exercices, l'un pour le matin, l'autre pour le soir.

QUATRIEME DIVISION.

Des cours abrégés, mais soigneusement, & sans en rien retrancher d'essentiel, de Réthorique, de Philosophie, & de Jurisprudence. C'est ici encore plus qu'ailleurs que les Instituteurs doivent préparer les matieres, de façon à en faciliter l'intelligence à leurs Eleves, & à leur épargner les difficultés qui pourroient retarder leurs progrès. Des explications courtes, mais exactes, un ordre méthodique & raifonné dans les leçons, & des démonftrations claires, & fouvent répétées, affureront le fuccès. Un petit cours de Belles-Lettres fervira de diverfion à ces Etudes. Pour Exercice, le Deffin, & la Mufique étant affez fus, on enfeignera l'Efcrime, ou l'art de faire des armes.

C'eft un des malheurs de l'humanité que cet art meurtrier foit néceffaire. Mais il l'eft à tel point qu'il n'y a pas d'état dans la fociété où l'on ne dût le favoir, puifqu'il n'en eft point, fi l'on en excepte le Sacerdoce, où l'on ne foit expofé à voir attaquer fes jours par ces perturbateurs du repos public, dont les Villes abondent, & où par conféquent il ne foit très-néceffaire de favoir fe défendre : deux ans de falle fuffifent pour cela. Cet exercice, d'ailleurs fi utile, fortifie & amufe les jeunes gens, les dégage, & leur donne un certain air d'affurance qui, quand il n'eft pas pouffé trop loin, fied bien à l'homme dans tous les états.

CINQUIEME DIVISION.

Des cours, toujours abrégés foigneufement, d'Hiftoire Naturelle, dans fes trois regnes, du Syftême Planétaire, & de Phyfique expérimentale, accompagnés de Lectures raisonnées sur l'origine & les progrès des Sciences, des Arts & des Métiers. Pour diversion à ces Etudes on donnera des leçons d'Architecture, civile & militaire, & de Blason. L'Equitation, ou l'art de monter à cheval, comprenant la connoissance des parties de cet animal, de ses maladies, & des remèdes qui y sont propres, sera l'Exercice de cette derniere classe.

L'Equitation est encore un de ces arts qui conviennent à toutes les conditions, du moins jusques à un certain point. Outre que rien n'est si gauche qu'un homme qui monte à cheval sans aucun principe, c'est que son ignorance l'expose à mille dangers, souvent même à celui de perdre la vie.

On n'a pas indiqué ici les Auteurs auxquels on pourra recourir, ni les Ouvrages qui pourront être employés à l'exécution de ce Plan, parce que chaque Pays a les siens privilégiés, & que sur ceux-là même, les avis sont souvent partagés ; les meilleurs seront toujours les moins diffus, les plus à la portée de l'intelligence des jeunes gens, & qui contiendront le plus de choses, & le moins de mots. On n'a pas parlé non plus des jeux que l'on doit faire employer aux Elèves dans leurs récréations, par la même raison, c'est-à-dire, parce que chaque Pays a ses usages particuliers à cet égard, comme à celui des Auteurs. Les jeux qui conviendront le mieux aux jeunes gens, feront ceux qui auront le plus de rapports avec ce qu'on leur enfeigne. Ceux de l'Efprit, tels que *les Différences, les Comparaifons, le Secrétaire*, &c. conviendront parfaitement dans les deux dernieres années, à quelques-uns, tandis que *le Maille, la Paume, le Battoir, & le Billard*, en amuferont d'autres. Tous ceux qui procurent un exercice modéré, & qui ont quelque analogie avec les Sciences ou les Arts, font très-bons.

Ce qu'encore on n'a pas dit plus haut, mais pour le dire, & pour le recommander fortement ici, c'eft que pendant tout le cours de l'inftruction des jeunes gens, les Inftituteurs ne doivent pas laiffer échapper une feule occafion de faire tourner les lumieres de l'efprit à l'avantage du cœur, fe fervant pour cela de tous les exemples de vertus, ou de vices, qui fe trouvent dans l'Hiftoire & la Fable, ou que leur offrira la société; & faifant naître adroitement des circonftances où leurs Elèves aient à imiter les uns, ou à éviter les autres.

On verra d'un coup-d'œil, par la récapitulation ci-après, des Etudes & des Exercices que contient notre Plan, que dans l'efpace de dix années un jeune homme faura tout ce qu'il convient à un homme *comme il faut* de favoir. Si après çela il veut

donner deux ans à l'Etude des Langues mortes, il y fera d'autant plus de progrès qu'il
aura une intelligence formée, & une mémoire exercée. Cette Etude n'aura plus pour
lui la fécherefse qu'elle a pour les enfans ;
ce n'en fera plus une, fimplement de mots,
parce qu'il aura des idées diftinctes de tous
les objets que ces mots repréfentent ; ce qui,
en les lui rappellant, fervira à les mieux
graver dans fa mémoire. Au Grec, & au
Latin près, le jeune homme pofsédera toutes les connoifsances relatives & nécefsaires
aux diverfes fonctions qu'un homme *comme
il faut* eft deftiné à remplir dans la fociété.
S'il lui en manque quelqu'une, qu'il doive
pofséder dans tous fes détails, c'eft-à-dire,
au degré de la perfection, peu de tems fuf-
fira pour la lui faire acquérir, puifqu'il aura
les Élémens de tout. En un mot, comme je
l'ai dit, l'Elève fera un homme fait à dix-
fept, ou dix-huit ans, tandis qu'à cet âge,
fuivant la méthode en ufage aujourd'hui,
il ne feroit qu'un écolier, qui ignoreroit
tout, excepté deux Langues qu'il ne par-
leroit jamais, & qu'il auroit bientôt ou-
bliées. Il aimera la vertu : la pratique lui
en fera habituelle ; il connoîtra les hommes,
faura les apprécier, & il réunira les moyens,
les meilleurs, & les plus généraux, de leur
être utile ; fur-tout fi l'Inftituteur a eu foin,
comme il a été recommandé, de ne s'affo-

cier que des Maîtres d'une capacité recon-
nue.

Nous avons dit que la durée de chaque
claſſe, ou diviſion, ſeroit à-peu-près de deux
années. Mais il ne faut pas entendre cela
trop ſtriƈtement : il y en aura qui exigeront peut-être deux années & demie, tandis que d'autres n'exigeront peut-être que
dix-huit mois. Mais de quelque façon que
ce ſoit, le cours complet des Etudes & des
Exercices, ne durera pas plus de dix ans,
ou onze tout au plus.

RÉCAPITULATION

DU PLAN

D'ÉTUDES ET D'EXERCICES.

Premiere & ſeconde Année.

ÉTUDES.

LA Religion, la Leƈture, l'Ecriture, &
les Elémens de la Grammaire.

DIVERSION.

L'Arithmétique.

EXERCICE.

La Danſe.

Troisieme & quatrieme Année.

É T U D E S.

Les Mathématiques, l'Algèbre, & la Cofmographie.

D I V E R S I O N.

Le Deſſin.

E X E R C I C E.

La Muſique.

Cinquieme & ſixieme Année.

É T U D E S.

L'Hiſtoire ſacrée, l'Hiſtoire profane, ancienne & moderne; la Mythologie, la Fable, & la Géographie.

D I V E R S I O N.

Des leçons de Style Epiſtolaire.

E X E R C I C E.

Le Deſſin, & la Muſique, l'un le ma-tin, l'autre le ſoir.

Septieme & huitieme Année.

É T U D E S.

Des cours abrégés de Réthorique, de Philoſophie, & de Juriſprudence.

D I V E R S I O N.

Un cours de Belles-Lettres.

EXERCICE.

L'Escrime.

Neuvieme & dixieme Année.

ÉTUDES.

Des cours abrégés d'Histoire Naturelle, du Systême Planétaire, & de Physique expérimentale ; des Lectures raisonnées sur l'origine, & les progrès des Sciences, des Arts, & des Métiers.

DIVERSION.

Des leçons d'Architecture civile, & militaire, & de Blason.

EXERCICE.

L'Equitation.

F I N.

APPROBATION.

LE nouvel Essai sur l'Education, à l'usage des Instituteurs de la Jeunesse, Peres & Meres, Gouverneurs & Précepteurs, peut être imprimé. Fait à Bruxelles ce 27 Janvier 1781.

C. J. LEYNIERS, Censeur de Livres.

P. REUSS, Conseiller & Procureur-Général.

LES FRUITS

DE

L'ÉDUCATION,

PIÉCE DRAMATIQUE,

EN TROIS ACTES ET EN PROSE.

E

AVIS DE L'AUTEUR.

CE petit Ouvrage, qui tient aux deux précédens, étant divisé en actes, & en scènes, m'a paru susceptible du titre que je lui donne, de Piece Dramatique. Mais mon intention n'ayant jamais été qu'elle fut jouée, du moins sur les Théâtres publiques, on ne doit pas s'attendre à y trouver des scènes amoureuses, ni de ces incidens adroitement ménagés par un Valet fourbe, ou par une intrigante Soubrette; non plus que de ces événemens qui tiennent du prodige, & font tomber un dénouement comme des nues : toutes choses qui font cependant le succès des Pieces qui se jouent, & sans lesquelles on n'en reçoit plus.

On pourra regarder toute la scène du Baron de Précourt, dans le premier acte, ainsi que la piece de vers qu'il lit, comme des épisodes. Je prie néanmoins qu'on me les passe en faveur des leçons de morale qu'elles renferment, qui les lient à mon sujet.

Si l'on s'étonne d'abord que le Gouverneur de mon jeune homme ne soit pas au fait des vues secretes du pere, on s'appercevra dans le courant de la Piece que le Marquis lui-même en donne une raison très-admissible; & on conviendra d'ailleurs, en y réfléchissant un peu, que le caractère d'Ariste eût souffert quelqu'atteinte, & que les argumens dont il se sert, pour convaincre son pupile de l'aveugle condescendance que les enfans doivent aux volontés de leurs parens, auroient beaucoup perdu de leur vérité, & de leur force, si ce sage Instituteur eût été dans la confidence du pere.

L'évanouissement de St. Val, à la rencontre imprévue de Lucile, pourra paroître aussi un peu extraordinaire. On l'excusera cependant si l'on fait attention que dans une ame de la trempe de celle de mon jeune héros tout doit être énergique, jusques aux foiblesses mêmes, & que l'amour (si c'en est une) est celle de toutes qui fait la plus vive impression sur des *sens neufs*, & qui entraîne le plus violemment un cœur sensible, simple & droit.

Les caractères de *Montcelle* & de *Blancé*, dans le second acte, & les faits qu'ils racontent, ont paru atroces, monstrueux, & presque même sur naturels. L'ame honnête & délicate qui a fait cette réflexion, est de celles qui ont trop de vertus pour croire tant de vices possibles. Il n'est pas moins vrai, pour la honte, & le malheur de l'humanité, que la société produit de pareils monstres, qui font trophées de leur scélératesse : on en citeroit sans peine plus d'un exemple récent. Mais il faut tirer le rideau fur de femblables forfaits, ou ne les mettre au jour, comme on le fait ici, que pour en faire concevoir toute l'horreur qu'ils méritent.

Quoique j'ai dit que je ne deftinois point cette Piece à être jouée fur les Théâtres publiques, je penfe qu'elle gagneroit beaucoup à l'être fur un Théâtre de fociété, où les fpectateurs étant en moins grand nombre, l'attention eft plus entiere, & moins troublée chez eux, & l'action mieux fuivie, & le jeu & la diction plus libres chez les Acteurs. Une partie du fuccès dépendra de la conformité des âges avec les différens rôles, ce qu'il n'eft pas toujours poffible d'obferver fur les Théâtres publiques. Je n'ai pas befoin d'ajouter, que plus la Piece paroîtra froide, & dénuée d'intérêt à la lecture, & plus elle a befoin de foins, d'exactitude, & de talens, de la part des Acteurs, pour racheter ces défauts. Mais ce que je crois pouvoir affurer, c'eft qu'avec l'aide de ces moyens elle fera quelque plaifir à la repréfentation.

Voilà tout ce que j'avois à dire fur cet Ouvrage, où mon feul deffein a été de peindre quelques caractères répandus dans la fociété, qui montraffent par leur variété, & leur contrafte, les effets différens d'une bonne & d'une mauvaife Education. C'eft au Lecteur à juger fi j'ai réuffi.

ACTEURS.

LE MARQUIS.

S^{t.} VAL, *fils du Marquis.*

ARISTE, *Gouverneur de St. Val.*

TOUDOR, *Oncle de St. Val, & frere du Marquis.*

LE BARON DE PRE'COURT, *noble indigent.*

Mme. LA COMTESSE DE MEYRAND.

Mlle. DE MEYRAND, *fille de la Comtesse.*

BLANCE',
FLE'COURT,
D'AINVILLE,
MONTCELLE, } *Compagnons de manège de St. Val.*

DUMONT, *Valet-de-Chambre de St. Val.*

UN NOTAIRE.

UN SOLDAT *des Grenadiers à cheval.*

DEUX LAQUAIS.

La scène est à Paris, dans l'Hôtel du Marquis.

LES FRUITS
DE
L'ÉDUCATION.

ACTE PREMIER.

Le Théâtre repréſente l'Appartement d'A-
riſte. Au milieu, ſur le devant eſt une
table, ſur laquelle il y a un Globe, des
Cartes Géographiques, des Livres, & une
Clochette; à chaque côté il y a une chaiſe.

SCENE PREMIERE.

ARISTE, *ſeul & aſſis.*

(Il tient un livre à la main, dont il interrompt
la lecture un peu après la levée du rideau.)

C'EST en vain que je cherche à me diſ-
traire de mon chagrin; ſur le point de quit-
ter St. Val, je ſens mon cœur prêt à ſe

déchirer. Mes efforts secondés par son heureux naturel, l'ont mis depuis long-tems en état de se passer de mes soins : son âge, son mariage, qui se conclut aujourd'hui, tout exige notre séparation. N'importe : plus j'en vois approcher l'instant, plus il m'en coûte. St. Val est mon ouvrage, j'ai formé son cœur & son esprit ; c'est d'après moi qu'il pense, & qu'il sent : en dirigeant tous ses penchans vers l'amour de la vertu, j'en ai fait son unique passion ; & quand je jouis à peine des fruits de dix ans de travaux ; quand son estime, son amitié, & sa reconnoissance, en sont devenus le doux salaire, il faut que je le quitte ! Et bien ! que ces momens, puisqu'ils sont les derniers que l'on accorde à ma tendresse, ne lui soient pas moins profitables que tous ceux que j'ai passés avec lui. (*Il se lève & sonne.*)

SCENE II.

ARISTE, DUMONT.

ARISTE.

Que fait St. Val ?

DUMONT.

Il lit, s'interrompt, se promène à grands pas, parle seul, se tait tout-à-coup, & puis

foupire : j'ai même vu quelques larmes s'é-
chapper de fes yeux. Il a certainement du
chagrin.... Sa trifteffe nous afflige tous.

ARISTE.

(*A part.*) La bonté de fon cœur lui fait
partager les regrets que me caufe notre fé-
paration : quelle ame! (*Haut à Dumont.*)
Ne vous a-t-il rien dit?

DUMONT.

Pardonnez-moi ; à l'inftant où vous avez
fonné il demandoit fi vous étiez levé?

ARISTE.

Et ne fait-il pas que les foins de fon Education m'ont toujours éveillé avant le jour?
Combien de nuits j'ai même paffées toutes
entieres pour préparer les matieres que nous
devions traiter enfemble dans le courant de
la journée! Tandis qu'il repofoit j'écartois
par un travail affidu & pénible les difficultés qui auroient pu retarder fes progrès
dans la carriere des fciences. Mais il ne l'a
point oublié, je l'en ai vu fi fort reconnoif-
fant! Dites-lui qu'il vienne. Je ne l'ai point
encore embraffé d'aujourd'hui, & fon état
m'inquiéte. (*Dumont fort.*) Pour ne pas ajouter à fa douleur, cachons-lui la mienne.

SCENE III.

ARISTE, Sᵗ. VAL.

Sᵗ. VAL, *en habit du matin.*

(Courant dans les bras d'Ariste, qui l'embrasse.)

Bon jour, mon cher Ariste.

ARISTE.

Bon jour, mon ami. Qu'avez-vous ? Vous êtes bien défait.

Sᵗ. VAL.

J'ai passé une assez mauvaise nuit : cent choses m'ont tenu éveillé.

ARISTE.

Et quelles sont ces choses ; peut-on les savoir ?

Sᵗ. VAL.

Mais.... vous, mon cher Ariste.... le chagrin de vous perdre.... Le moyen d'éviter ce malheur, que je pense avoir trouvé, n'en est-ce donc pas assez pour interrompre mon repos ?

ARISTE.

Je vous suis obligé, mon cher Sᵗ. Val, de vous occuper d'un projet qui s'accorderoit si bien avec le penchant de mon cœur.

Mais, mon ami, il y faut renoncer. A da-
ter d'aujourd'hui, mes soins vous deviennent
inutiles; que dis-je? Ils vous le font déja
depuis long-tems, & je sais que M. le Marquis, votre pere, ne me retient près de vous
qu'en attendant que la peine qu'il prend
pour me placer ait réussi.

Sᴛ. V A L.

Ah! puisse-t-elle ne réussir jamais! Vous
m'êtes, & me serez toujours nécessaire;
vous ne me le fûtes jamais tant, & je sens
bien que jusques à la mort j'aurai besoin
d'un ami tel que vous. Et quoi! lorsque
je m'immole aux volontés d'un pere, quand
malgré ma répugnance pour les nœuds où
il m'engage, je lui fais à la fois le sacrifice
de mon goût, de ma liberté.... & peut-
être de ma vie, il m'en refuseroit le prix!
Qu'il me laisse du moins un consolateur
dans un ami si cher, qu'il ne nous sépare
pas, c'est la seule récompense que je lui
demande de ma soumission.

A R I S T E.

Gardez-vous bien de le faire : ce seroit
perdre tout le mérite de cette soumission,
que d'oser y mettre un prix. D'ailleurs,
ignorez-vous qu'elle est un devoir envers
l'Auteur de vos jours? Ainsi que tous les
hommes, vous contractâtes en naissant l'o-
bligation indispensable d'être un jour utile

à vos femblables, en raifon de vos facultés perfonnelles & acquifes : plus vous réuniffez des unes, & des autres, plus cette obligation s'étend pour vous, & plus elle vous lie à la fociété. Mais avant de déterminer la place que vous devez y occuper, M. votre pere veut que vous affuriez à votre patrie des defcendans qui lui rendent un jour les fervices que lui ont rendus autrefois vos ancêtres, & ceux qu'elle attend maintenant de vous : & quand par un motif fi jufte M. le Marquis vous deftine une époufe, dont la naiffance, la fortune & le mérite font garantis par fon choix, irez-vous mettre des conditions à votre condefcendance ? Et qu'exigeriez-vous d'un pere fi tendre qui ne fut au-deffous de ce qu'il fait tous les jours pour vous rendre heureux !

Sᵗ. VAL.

Pour me rendre heureux !... Mais, fit-il encore cent fois davantage, s'il nous fépare, ne m'aura-t-il pas ôté infiniment plus qu'il ne peut me rendre ? Encore une fois, mon cher Arifte, vous ne favez pas, ni mon pere non-plus, combien j'ai encore befoin, fur-tout dans ce moment-ci, que vos fages confeils éclairent ma raifon.

ARISTE.

Je ne vous comprends pas. Mais je crois entrevoir les motifs qui déterminent aujourd'hui M. le Marquis à nous féparer : fur le point de devenir vous-même chef de famille, il veut vous voir livré à vos feules lumieres, au milieu des orages que vont élever autour de vous un état, & un monde nouveau : un vaiffeau cède rarement à la tempête tant que le pilote n'en abandonne pas le gouvernail ; & peut-être veut-il que vous vous inftruifiez par vos propres naufrages.

St. VAL.

Mais fi ce monde eft fi orageux, & fi l'état qu'on me deftine eft auffi plein d'écueils qu'on le dit, pourquoi m'y expofer fi jeune, & fans guide ? C'eft fûrement, comme vous le dites, pour m'y faire faire naufrage. Ma raifon eft fi peu formée.... (*Après un foupir.*) & mon cœur eft fi foible !......

ARISTE.

Un excès de modeftie étant rarement fincère, il n'eft pas moins un défaut qu'un excès d'amour-propre : il eft permis de fentir ce que l'on vaut, quand on ne le fent que pour s'efforcer à valoir davantage. Vous pouvez donc vous avouer à vousmême, que les foins que M. votre pere s'eft donné, & a fait prendre pour votre Education, vous élèvent fort au-deffus de votre âge, fur-tout par comparaifou avec la plupart des jeunes gens d'aujourd'hui, dont vous n'avez ni les vices, ni les ridicules, ni l'ignorance. Vous poſſédez, au contraire, des vertus, des qualités & des talens, qui n'attendent que d'être mis en œuvre pour vous placer avantageuſement dans la ſociété. Ce ſont autant de raiſons pour vous, mon cher St. Val, de redoubler d'émulation, & pour M. votre pere de vous rendre à vousmême. Mais, que dis-je? N'allez-vous pas me retrouver dans une compagne aimable, dont l'exemple, & les avis, fortifieront bien mieux votre courage, & éclaireront bien plus efficacement votre raiſon, que ne pourroient faire mes conſeils! Epouſe tendre, amie ſûre & indulgente, elle aura toujours un prix tout prêt pour vos vertus, & un pardon pour vos foibleſſes. Ses careſſes touchantes, ſon amour délicat & empreſſé, & ſes ſoins conſolateurs, répandront ſur vos jours la douceur, & la paix. En partageant vos peines & vos plaiſirs, elle allégera les unes, & centuplera les autres. Sa ſenſibilité, en prêtant une nouvelle énergie à votre ame, deviendra la ſource de mille tréſors nouveaux, qui chaque jour éclorront, & n'éclorront que pour vous. Bientôt une eſtime réciproque, & une confiance mutuelle, viendront cimenter une union d'autant plus douce, & plus durable, qu'elle n'aura pas été le fruit d'une paſſion aveugle, emportée, & encore plus prompte à s'éteindre qu'à s'allumer. Que fera - ce, quand de chers enfans, dignes rejettons de tous deux, viendront ajouter aux charmes de leur mere, & doubler pour vous le prix de l'exiſtence ? Ah ! St. Val, quelle félicité j'entrevois pour vous, & quelle conſolation pour le meilleur des peres !

Sᵗ. V A L.

Hélas !......

A R I S T E.

Vous ſoupirez ! Doutez-vous que votre mariage ne vous procure tous les biens que je vous promets ? Ah ! croyez, puiſqu'il eſt l'ouvrage d'un pere auſſi bon, auſſi ſage, & auſſi éclairé que le vôtre, qu'il doit vous rendre le plus fortuné des époux.

Sᵗ. V A L.

Pardon, cher Ariſte, la douleur de vous perdre ſuffiroit ſans doute pour autoriſer mes ſoupirs & mes pleurs ; mais à ce motif déja ſi juſte il, s'en joint encore un autre, dont je rougis de vous avoir fait trop long-tems un myſtère.

A R I S T E.

Expliquez-vous : vous ſavez que vous n'éprouvez rien qui ne me devienne perſonnel, par le vif intérêt que je prends à tout ce qui vous touche.

St. V A L.

Je le sais, & c'est ce qui ajoute encore aux reproches que je me fais de vous avoir caché une situation..... que vous ne soupçonnez pas.

A R I S T E.

Parlez, cruel enfant, vous m'allarmez. Asseyons-nous. (*Ils s'asseyent.*) (*à part.*) Il est tout tremblant : Ciel ! que va-t-il m'apprendre ! (*Haut.*) Je vous écoute.

St. V A L.

Vous vous rappellez qu'à notre retour d'Italie, il y a environ un an, un peu avant notre départ pour l'Angleterre, il y eut une fête à la Cour où mon pere me mena.

A R I S T E.

Il m'en souvient : vous en revintes triste & rêveur, sans en avoir jamais voulu dire la cause, ce qui accéléra notre voyage à Londres. Mais quel rapport cela a-t-il avec le secret que vous avez aujourd'hui à me confier ?

St. V A L.

Ce fut à cette fête que je vis un objet dangereux dont le souvenir, depuis lors, n'a cessé de troubler mon repos. Imaginez-vous tout ce que les Poëtes ont réunis d'attraits, & de graces, pour nous peindre la Déesse de la beauté, & vous n'aurez qu'une
foible

foible idée des charmes de la jeune perſonne dont je vous parle. Dès qu'elle parut chacun s'écria : qu'elle eſt belle! Je fus plus loin encore ; j'approchai d'elle : & par un mouvement dont je ne fus pas le maître, je tendis ma main dans l'intention de m'emparer de la ſienne comme d'un bien qui devoit m'appartenir. Ce mouvement involontaire, dont j'aurois difficilement pu juſtifier la témérité, fut heureuſement interprêté comme une invitation à danſer. Je profitai d'une erreur qui m'étoit ſi favorable, & nous danſâmes un menuet. Mais que devins-je quand je lui vis développer des graces que je n'avois encore vues qu'à elle, & quand je crus m'appercevoir, en finiſſant le menuet, que ſa main étoit tremblante, & que ſes yeux exprimoient le même trouble, & le même embarras que j'éprouvois! Je voulus lui faire mes remercîmens de l'honneur qu'elle m'avoit fait : je ne trouvai point de termes ; je balbutiai quelques mots dont elle parut vouloir bien ſe contenter. Je fus interrompu par une Dame âgée, qui la nommant Lucile, vint la prendre, & l'emmena : je ne ſais comment mon cœur ne me quitta pas pour la ſuivre. Je demeurai long-tems dans une ſorte d'extaſe, dont je ne ſortis que pour voler ſur ſes traces. Hélas! ce fut envain ; je ne la retrouvai plus. Toutes les queſtions que je fis alors,

F

tous les soins que je me suis donnés depuis, n'avoient rien pu m'apprendre de cette adorable personne, sinon qu'elle étoit le plus bel objet de la nature, & que je l'avois perdue pour toujours, lorsqu'hier.... fatale visite! tu feras le malheur de ma vie!

ARISTE.

Comment, hier vous l'auriez revue!...

S^{t.} VAL.

C'est ce qui cause mon désespoir. Son image chérie étoit dans mon cœur, mais insensiblement je m'étois habitué à l'y voir sans ce trouble qui pendant long-tems avoit altéré ma tranquillité. Hier, dans le cours des visites que me fit faire mon pere à l'occasion de mon prochain mariage, je l'ai revue chez elle-même. Mon pere me présenta à cette Dame âgée, qui accompagnoit Lucile à la Cour, & qui est sa mere. A peine l'eussé-je apperçue que je sentis mes genoux se dérober sous moi, je m'évanouissois : des cris perçans me rappellent à la vie; j'ouvre les yeux : quel tableau pour mon ame tendre & sensible! Lucile presque mourante, mon pere les yeux humides de pleurs, tout le monde empressé autour de moi; mais je ne vis d'abord que Lucile. Son teint & ses yeux parurent se ranimer à mesure que je reprenois mes sens. J'avois

penſé mourir de ſurpriſe & de joie ; je
penſai mourir d'amour. On ne me laiſſa pas
jouir long-tems de mon bonheur : après
de courtes excuſes ſur les embarras que ve-
noit d'occaſionner mon accident, mon pere
ſortit, & m'obligea à le ſuivre ici. Vous
connoiſſez à préſent l'état de mon cœur :
jugez, reſpectable ami, de ce qu'il doit
m'en coûter aujourd'hui pour donner à une
autre qu'à Lucile, ce cœur & cette main,
qui ne peuvent être qu'à elle! Fatale viſite,
fatale viſite! J'en mourrai.

ARISTE.

Vains efforts de la prudence humaine!
On emploie quinze ans à les armer contre
une paſſion dangereuſe, pour les y voir céder par le ſimple effet d'un premier coup-
d'œil. Voyez, mon cher St. Val, ce que
c'eſt de ne pas ſe confier à l'amitié : le
myſtère que vous m'avez fait des mouvemens de votre cœur vous rend aujourd'hui
l'homme du monde le plus malheureux, &
preſque le plus coupable : voilà pour la
premiere fois de votre vie votre penchant
en contradiction avec vos devoirs.

St. VAL.

C'étoit pour les concilier que je m'ob-
ſtinois au ſilence. Comment oublier Lucile
en vous en parlant, puiſque je ne l'ai pu
faire en n'y penſant que le moins que je
pouvois ?

ARISTE.

Ne lui connoiſſez-vous point d'autre nom que celui de Lucile ?

St. VAL.

Non : mais il n'en n'eſt point qu'elle n'honore.

ARISTE.

M. votre pere ne vous a-t-il rien dit, à votre retour de cette viſite, ſur ce qui s'y étoit paſſé ?

St. VAL.

Non : il ne m'a entretenu que de la perſonne avec laquelle il m'unit, & que je dois voir aujourd'hui pour la premiere fois ; & moi, trop occupé à ſentir pour pouvoir parler, je me ſuis retiré dans mon appartement, réſolu de mourir, ou d'obtenir celle que j'adore.

ARISTE.

Ne l'eſpérez pas. Quoi ! ſans connoître l'objet de votre folle paſſion, ſans ſavoir ni ſon rang, ni ſa fortune, vous vous flattez de faire changer de deſſein à M. le Marquis ; & que pour ſe prêter à un goût de pure caprice il renoncera à des projets, peut-être formés depuis long-tems, & dont il attend ſon bonheur, & le vôtre ?

St. VAL.

Je ne ſais bien ni ce que j'eſpère, ni ce

que je crains. Ce que je fens, c'eft que Lucile ne peut être que d'une naiffance diftinguée ; mais que fût-elle née dans l'obfcurité & l'indigence, cela ne m'empêcheroit pas de la préférer à toute autre, fans m'embarraffer des vains préjugés du rang & de la fortune, qui après tout ne font que de purs effets du hafard.

ARISTE, *fe levant.*

Arrêtez, St. Val : le hafard n'eft qu'un mot imaginé par l'ignorance, pour expliquer ce qu'elle ne conçoit pas, ou par la mauvaife foi, pour fe diffimuler ce qu'elle ne veut pas entendre. Quand l'inégalité des conditions, fi néceffaire au maintien de la fociété, ne feroit pas effentielle, & d'une inftitution auffi ancienne que le monde, il faudroit toujours la refpecter. Les dignités & les richeffes ont certainement été dans leur origine le prix de la vertu, du mérite, ou des fervices rendus à l'humanité. Le nom de ceux qui les ont mérités ne s'eft perpétué d'âge en âge jufques à nous, pour former ces familles illuftres, devenues des pépinieres de Héros, que parce que leurs héritiers fe font efforcés de leur reffembler, & n'ont point mêlé le pur fang qui couloit dans leurs veines à celui de familles abjectes. Vous même feriez-vous ce que vous êtes, fi M. votre pere, ou quelqu'autre de vos ancêtres, eût penfé comme vous ?

S^t. V A L.

Soit : mais du moins qu'on me laiſſe choiſir dans ma condition celle avec qui je dois
paſſer ma vie ; & puiſque de ce choix doit
dépendre le bonheur ou le malheur de mes
jours, quel autre que moi devroit avoir le
droit de le faire ?

A R I S T E.

Votre pere ; ſa tendreſſe l'éclaire ſur vos
vrais intérêts au moins autant que vous-
même, & il a de plus des lumieres, & une
expérience, qu'à votre âge on ne ſauroit
avoir. Et que dirai-je des titres que lui
donnent les larmes que lui a fait répandre
votre naiſſance, lorſqu'elle lui coûta la perte
de l'épouſe la plus chérie, & la plus digne
de l'être ; des droits que lui ont acquis ſes
tendres ſoins durant votre enfance, & ſes
vives ſollicitudes, quand loin de ſon œil
paternel, vous parcouriez avec moi les diverſes contrées de l'Europe, & que mille
dangers, qu'enfantoit ſon imagination, lui
paroiſſoient menacer vos jours, & allar-
moient ſon inquiéte tendreſſe ; que dirai-je
du pouvoir que lui donne ſur vous, non
l'exiſtence phyſique, mais l'exiſtence morale qu'il vous a donnée, en n'épargnant
rien pour vous rendre en tout digne de lui ?
Croyez-vous, après tant de bienfaits, n'ê-
tre pas trop précieux à ſon cœur, pour que

votre bonheur ne foit pas fon premier objet dans tout ce qu'il fait pour vous? Et quand il eft prêt à en retirer le fruit, vous voulez l'en fruftrer par une réfiftance d'autant plus coupable, qu'elle ne feroit fondée que fur l'effet paffager d'une paffion frivole! Y pen-fez-vous?

S^t. V A L.

Et commande-t-on à fon cœur?

A R I S T E, *d'un ton très-févère.*

Oui, Monfieur, quand il n'eft pas d'ac-cord avec le devoir. (*D'un ton plus doux.*) Mon fils, mon ami! qu'eft devenu l'em-pire que la vertu avoit pris par ma voix fur votre ame? Eft-ce donc là le prix que vous réferviez à dix ans d'amitié, & de foins? Que me dira M. votre pere? Il m'ac-cufera d'avoir trompé fa confiance, en ne faifant de vous qu'un fils ingrat & rebelle; & au lieu de fon eftime & de fa reconnoiffan-ce, fur lefquelles je comptois comme fur ma récompenfe la plus flatteufe, je n'em-porterai que fa haine, & fon mépris. (*Em-braffant tendrement St. Val.*) Non, mon en-fant, vous ne réfervez pas un fi doulou-reux falaire à l'ami le plus tendre & le plus dévoué. Promettez-moi, mon cher St. Val, de faire un généreux effort fur vous-même : combattez, je vous feconde-rai, & je vous promets la victoire.

F 4

SCENE IV.

ARISTE, Sᴛ. VAL, DUMONT.

DUMONT.

Uɴ homme d'affez peu d'apparence, mais qui a l'air honnête, demande à voir M. de St. Val.

ARISTE.

Un honnête homme ! Ne le faites point attendre.

Sᴛ. VAL.

Ne s'eft-il pas nommé ?

DUMONT.

Pardonnez-moi : il fe nomme le Baron de Fré..... de Précourt, du moins c'eft à-peu-près cela.

Sᴛ. VAL, *à Arifte.*

C'eft le Baron de Précourt, cet ancien militaire, ce vertueux & pauvre Gentil-homme, dont vous m'avez permis d'aider la famille fur mes menus plaifirs. C'étoit hier que je devois lui payer cette dette fa-crée ; ma funefte paffion me l'a fait oublier, & le befoin le force peut-être à me préve-nir aujourd'hui. (*à Dumont.*) Hâtez-vous, faites entrer. (*Dumont fort.*)

SCENE V.

ARISTE, Sᵗ· VAL, LE BARON DE PRE'COURT.

ARISTE.

C'est lui-même.

LE BARON DE PRE'COURT.

(*A St. Val.*) Me pardonnerez-vous, Monsieur, de venir vous importuner un instant?

Sᵗ· VAL.

Vous, Monsieur le Baron, vous m'importuner! Ah, de graces, rendez plus de justice à ma vénération pour vous. Je comptois avoir l'honneur de vous voir hier... je le devois....

LE BARON DE PRE'COURT.

Oui : car c'est un devoir aussi bien qu'un plaisir, pour les ames sensibles & généreuses, que de faire le bien. Aussi ma famille & moi vous avons-nous attendu, & jamais notre impatience de vous voir ne fut plus vive.

Sᵗ· VAL, *tirant sa bourse.*

Que je suis honteux, & fâché....

LE BARON DE PRE'COURT.

Arrêtez, Monsieur : le motif qui nous

faisoit défirer fi ardemment de vous voir, n'eft pas ce que vous foupçonnez : le malheureux procès qui depuis fi long-tems nous tenoit dans la mifère, vient d'être enfin terminé.

St. V A L.

Vous l'avez fans doute gagné : Arifte m'a cent fois entretenu de la juftice de votre caufe ; d'ailleurs, je fuis bien convaincu que vous n'en auriez pas foutenue une injufte.

LE BARON DE PRE'COURT.

C'eft à votre probité que je dois cette opinion : les cœurs droits ne penfent pas qu'il y ait de mal-honnêtes gens dans le monde. J'ai gagné en effet mon procès. Le jugement me remet en poffeffion d'une petite terre, refte des biens affez confidérables dont autrefois ont jouis mes Ancêtres, & qu'ils ont employés au fervice de l'Etat. Heureux fi je puis faire du mien le même ufage, & plus heureux encore fi ma patrie n'en a jamais befoin !

St. V A L.

(*A part.*) Quels fentimens héroïques ! (*Haut au Baron.*) Je vous fais, Monfieur, mon fincère compliment.

A R I S T E, *embraffant le Baron.*

Je vous fais auffi le mien, mon cher Baron : avec une ame comme la vôtre on ne fauroit être trop riche.

LE BARON DE PRE'COURT.

On l'eft toujours affez quand on fait borner fes defirs à fes befoins, & régler ceux-ci fur fes facultés : je foutiens même, que fi peu que l'on ait, il faut être bien mauvais économe, & bien peu favoir l'art de jouir des bienfaits de la Providence, pour ne pas trouver encore fur fon revenu les moyens d'aider les malheureureux qui n'ont rien que le fecours des ames fenfibles.

ARISTE.

Que le Baron s'entend bien à faire valoir l'argent ! Quel intérêt, que celui que l'on retire du plaifir de foulager les infortunés !

LE BARON DE PRE'COURT.

Ce plaifir va être un devoir pour moi : que ferois-je devenu, ainfi que ma famille, fi nous n'avions été fecourus ? (*à St. Val, lui remettant un rouleau d'argent.*) Mais permettez, Monfieur, que je commence par m'acquitter envers vous.

St. VAL, *refufant l'argent.*

Que prétendez-vous faire ?....

LE BARON DE PRE'COURT.

Ce que je dois : tant que ma fortune a été indécife, incertain fi je pourrois jamais vous les rendre, j'ai accepté vos bienfaits comme des dons ; & loin d'en rougir je m'en suis tenus honoré : car il n'y a que les préfens du vice qui puiffent humilier la vertu. Aujourd'hui que le ciel me met en état de m'acquitter, souffrez que ce foit mon premier foin : garder plus long-tems cet argent, ce feroit faire un larcin aux infortunés, qui à mon exemple pourront avoir recours à vous. (*Il lui tend encore le rouleau.*) Prenez donc ; la probité le veut, & ma délicateffe l'exige de la vôtre.

Sᵗ· V A L, prenant le rouleau.

Il faut faire ce que vous voulez. (*)

A R I S T E.

Je vous vois d'ici, mon cher Baron, vous livrant dans votre petite terre à tous les foins de l'humanité, faifant des heureux, & vous délaffant d'un travail auffi doux dans le fein paifible des Mufes.

Sᵗ· V A L.

A propos, Monfieur le Baron, vous m'aviez promis certains vers....

LE BARON DE PRE'COURT, tirant
un papier de fa poche.

Les voici.

A R I S T E.

Ajoutez au prix du cadeau, en nous relifant vous-même cette charmante production : un ouvrage gagne toujours à être lu par l'Auteur.

(*) *A la repréfentation on coupera tout ce qui fuit jufques à l'endroit où le Baron dit à St. Val :* Il me refte, Monfieur, à vous remercier au nom de ma famille, & au mien, &c.

LE BARON DE PRE'COURT, *lisant.*

LES FRUITS DE L'ADVERSITE',

ÉPITRE

Aux Grands & aux Riches.

,, Au milieu des grandeurs, au sein de l'opulence,
,, Ecouta-t-on jamais la voix des malheureux !
,, Il faut avoir senti la peine, & l'indigence,
   ,, Pour être bon, sensible & généreux.
,, Je te loue, ô destin ! dans le cours de ma vie
,, J'éprouvai l'infortune, & la prospérité :
     ,, Mais ce n'est qu'à l'adversité,
     ,, Que je dois ma Philosophie,
,, Mon souverain mépris pour tout ce qu'on envie,
,, Et ce qu'excite en moi la tendre humanité.

,, Un jour un char brillant vint éblouir ma vue,
,, D'un Peuple d'indigens il étoit entouré :
,, Un grand Seigneur en sort, en habit tout doré :
,, De la foule empressée il fend bientôt la nué,
,, Et chez le mieux fourni des marchands de la rue,
,, Il entre en frédonnant, d'un air évaporé ;
,, Bravant ainsi les cris de l'essaim éploré,
   ,, Que voit par-là son attente déçue.
,, Sans doute, à son retour, dis-je, à la troupe émue,
,, Quand son luxe à loisir sera rassasié,
,, De vos maux, sa *Grandeur* aura quelque pitié.
,, Tout chargé de bijoux, dont il fait la revue,
,, *Monseigneur* reparoît, en s'écriant très-haut :
,, Qu'on chasse de ces gueux l'importune cohue :
   ,, Puis dans son char il s'élance d'un saut,
   ,, Et la voiture a disparue.

   ,, Un homme simplement vêtu,
,, Marchant à pied, mais ayant l'air honnête,
   ,, Ou plutôt l'air de la vertu,
,, Vient à passer : un des pauvres l'arrête ;
   ,, Secourez un infortuné,
   ,, Lui dit-il, d'un ton lamentable,

,, Un pere infirme, âgé, mais vraiment refpectable,
,, Une fœur, une femme, un enfant nouveau-né,
,, N'ont que moi pour foutien. Vainement je travaille:
,, Leurs befoins de mes bras, excédent le produit;
    ,, Faute de pain ils dévorent la paille
,, Qui devroit nous fervir à repofer la nuit.
      ,, Ce n'eft pas tout : on nous pourfuit,
,, Et pour notre loyer, & pour payer la taille;
,, Et l'on veut nous chaffer de notre humble réduit.
,, C'eft affez, c'eft affez, dit, effuyant fes larmes,
    ,, L'Homme de bien: courons, volons chez vous;
,, De la mifère, auffi, j'ai reffenti les coups;
,, Comme à vous, la pitié fut me prêter des armes;
    ,, Je fus bon fils, bon pere, & tendre époux.
    ,, Le ciel, depuis, verfa fes dons fur nous.
,, Je vais tout employer pour finir vos allarmes:
,, Le bien que je poffède à mes yeux n'a des charmes
,, Que lorfque j'en puis faire un ufage auffi doux.
,, Ils partent. Sur leurs pas chacun marche & s'empreffe;
    ,, Oubliant leur propre détreffe,
,, Cent autres malheureux, levant au ciel leurs mains,
,, Béniffent en pleurant le meilleur des humains.

,, Riche altier! tu te plains que même avant l'aurore,
,, Le cris de l'indigent interrompt ton repos!
,, Sous tes lambris dorés tu fommeilles encore
,, Quand le poids du travail courbe déja fon dos!
,, L'air, le froid & la pluie, ont pénétrés fes os:
,, Et le mol Edredon, que le fatin décore,
,, Joint pour toi fa chaleur aux douceurs des pavots!
,, Le pauvre lutte en vain contre l'effaim des maux:
,, Chaqu'heure, chaqu'inftant, pour lui les renouvelle;
,, Pour toi, chaque journée a des plaifirs nouveaux;
,, Et celle qui fuccède eft toujours la plus belle!
,, On fatisfait tes goûts, on prévient tes defirs :
,, Et cet infortuné, par de profonds foupirs,
,, T'annonce fes befoins; tu leur ferme l'oreille;
,, Cependant quand tous deux réclamés par la mort,
,, Le cifeau d'Atropos vous rend à la pouffiere,
,, L'un expire en pleurant, regrettant la lumiere,

,, Les tréfors, les honneurs, qu'il quitte avec effort;
,, L'autre fourit, & meurt en bénissant le fort,
,, Content de voir finir fa pénible carrière;
,, C'eft un pilote errant qui touche enfin au port.
,, L'appareil différent de vos pompes funèbres
,, Encor quelques momens vous diftingue à nos yeux:
,, Mais bientôt defcendus dans d'épaiffes ténèbres,
,, Leur voile vous dérobe, & vous confond tous deux.
,, Ainfi donc, cet inftant, qu'on appelle la vie,
,, Aux fragiles mortels, accordé par les Dieux,
,, Calme & doux pour les uns, pour d'autres orageux,
,, Eft feule ce qui met de la diftance entre eux ?
,, Hélas! Riches & Grands, à qui l'on porte envie!
,, Vous naiffez pour mourir comme les malheureux.
,, Cet éclair de bonheur qui vous luit quelques heures,
,, Qu'éteint l'aîle du tems devant l'éternité,
,, Ne vous prêtera plus fa trompeufe clarté
,, Dans la nuit des tombeaux, faftueufes demeures
    ,, Que vous excufât la vanité.

,, Mânes des Séfoftris, Mânes des Alexandres,
,, Des Trajans, des Titus, des Louis, des Valois!
,, Sur la terre adorés, vous fûtes Dieux, ou Rois:
,, Vos Peuples aujourd'hui foulent aux pieds vos
    cendres.
    ,, Aveugle agent des décrets éternels,
,, De vos vaftes projets la fortune fe joue.
,, Montrez-nous les débris de vos pompeux autels:
,, Qu'offrent-ils à préfent? Un vile amas de boue;
,, Vous-mêmes n'êtes plus, pour nous, que des mortels
,, Soumis dès en naiffant aux loix de la nature,
,, Dont l'ordre général enchaîna les deftins,
,, Et condamnés par lui, comme tous les humains,
    ,, A fervir aux vers de pâture.
,, De quoi, Riches & Grands, êtes-vous donc fi vains!
,, Aux yeux du Créateur l'homme de l'homme eft
    frere;
,, Il les fit tous égaux au fortir de fes mains;
,, Egaux par le trépas, ils rentrent dans la terre.
,, Mais j'irrite l'orgueil de vos efprits hautains;

,, Et les infortunés, leurs maux & leur misère,
 ,, N'en restent pas moins sans secours.
 ,, Et bien : changeons donc de discours ;
 ,, Puisqu'il le faut flattons votre chimère.
 ,, Je la connois, c'est la célébrité.
,, Faites nombre d'heureux ; c'est sur leur témoignage
,, Que vos noms illustrés, plus chéris d'âge en âge,
 ,, Iront à la postérité :
,, Si l'on peut s'approcher de la Divinité,
,, Ce n'est qu'en l'imitant dans sa munificence ;
 ,, C'est par une utile existence
 ,, Qu'on peut atteindre à l'immortalité.

,, Mais je t'évoque en vain, ô tendre humanité !
 ,, Tu fuis l'éclat, & la magnificence,
,, Tu ne réside point au sein de l'opulence,
,, Ni parmi les grandeurs, ni près la volupté ;
,, L'égoïsme tranchant t'imposeroit silence ;
,, Le luxe, qui le sert, en est seule écouté.
,, L'indulgente pitié, l'obligeante bonté,
 ,, L'urbanité, la bienfaisance,
,, Ces sublimes vertus, trésors de l'indigence,
 ,, Sont les fruits que l'expérience
 ,, Recueille de l'adversité ;
,, Mais rarement de la prospérité.

S^t. **VAL,** *avec transport, sautant au col du Baron.*

Que je vous embrasse, Monsieur : que cela est bon ; que cela est beau ! & quelle utile leçon ! Donnez-moi ces vers précieux ; je les saurai demain par cœur, & je vous promets de ne les oublier de ma vie.

ARISTE.

Bravo, mon cher Baron ! c'est de cette manière, & sur de tels sujets, qu'il convient à un gentilhomme d'exercer ses talens pour la Poésie.

LE

LE BARON DE PRE'COURT.

Vous attachez tous deux trop de prix à cette bagatelle. Toutefois je suis charmé qu'elle vous ait fait plaisir. (*à St. Val.*) Il me reste, Monsieur, à vous remercier, au nom de ma famille & au mien, de tous les services que vous avez bien voulu nous rendre. Soyez sûr que la reconnoissance en perpétuera le souvenir dans nos cœurs jusques à la fin de nos jours. (*à Ariste.*) Et vous, respectable ami, dont l'exemple & les conseils ont formé cette ame sensible & noble, jouissez de votre ouvrage : la récompense d'un homme capable d'une si glorieuse entreprise, c'est d'avoir réussi. (*Il salue, & sort ; St. Val l'accompagne jusqu'à la porte, d'où le Baron le force à rentrer.*)

St. VAL.

Peut-on honorer l'humanité par plus de mérite, & par des qualités plus sublimes! Et comment le ciel a-t-il permis que cet homme de bien restàt si long-tems dans un état abject & misérable?

ARISTE.

Gardez-vous de l'accuser. Les décrets de la Providence sont souvent impénétrables, & dans ce cas un respectueux silence est tout ce qu'elle nous permet. Mais dans celui-ci, où vous paroissez douter de sa sageffe, elle ne fe montra jamais mieux : elle nous prouve qu'elle n'abandonne point entiérement la vertu malheureufe, puifqu'elle vous a donné à la fois le penchant & le pouvoir de la fecourir. Ce qu'elle fait aujourd'hui pour le Baron lui paroît à lui-même, j'en fuis sûr, une compenfation plus que fuffifante des maux qu'il a fouffert ; & ceux qui apprendront la conftance avec laquelle il les a fupporté, & la générofité avec laquelle vous avez tâché d'en alléger le poids, imiteront un jour fon exemple ou le vôtre : les uns fouffriront leurs maux avec patience, les autres s'emprefferont à les foulager. Voyez, mon cher St. Val, que de biens réfultent d'une épreuve que vous trouvez injufte ; & que cela vous apprenne à ne jamais blâmer les décrets du ciel, quelqu'oppofés qu'ils vous paroiffent être à la foible raifon humaine.

Sᴛ. **V A L.**

Vous le voyez : je retombe toujours. Vous m'avez appris à penfer, à fentir, à connoî-tre le prix de l'exiftence par l'utilité dont la mienne peut devenir à mes femblables ; vos vertus, vos connoiffances & vos talens, germent dans mon cœur & mon efprit ; je vous dois tout ce que je fuis. Après tant de bienfaits, il vous manquoit encore de m'apprendre à ne plus m'en rendre indigne par des doutes offençans fur la fageffe des vues de la Providence, aux bontés de laquelle je fuis redevable du bonheur de vous avoir eu pour modèle, & pour guide. Croyez, mon cher Arifte, que ce dernier fervice ajoute encore, s'il eft poffible, à vos droits fur mon immortelle reconnoiffance.

ARISTE, *vivement.*

Et bien, ces droits, je les réclame tous pour obtenir de vous l'effort de vaincre une malheureufe paffion, qui peut faire à jamais le malheur de votre pere, & le vôtre.

S^{t.} VAL.

Qu'exigez-vous?

ARISTE.

Ce que la prudence, & ma tendreffe pour vous, m'obligent à vous demander pour l'intérêt de votre propre bonheur. Mon cher fils, mon ami, promettez-le moi.

S^{t.} VAL.

Comment réfifter à des expreffions fi touchantes! Vous l'emportez fur les plus chers fentimens de mon ame. Oui : je vous promets de faire tous mes efforts pour vaincre mon malheureux amour. Mais en l'apprenant à mon pere, il verra combien vos fecours me font néceffaires, & j'obtiendrai qu'il ne nous fépare pas.

G 2

SCENE VI.

ARISTE, Sᵗ. VAL, UN LAQUAIS.

LE LAQUAIS, *une lettre à la main.*

(*A St. Val.*) Monsieur le Marquis vous demande. Il vient d'ordonner que l'on ferve, afin que nous ayons le tems de préparer l'appartement pour recevoir votre future, & Madame fà mere, qui arrivent aujourd'hui à Paris, & viennent defcendre ici.

Sᵗ. VAL.

Je cours faire ma confidence à mon pere.

ARISTE.

Au nom de l'amitié n'en faites rien : retardez du moins jufques après-dîner ; accordez moi encore ce point.

Sᵗ. VAL, *prenant & ferrant la main d'Arifte.*

Il faut bien faire tout ce qu'il vous plaît. Ne venez-vous pas avec moi ?

ARISTE.

Je vous fuis. (*St. Val fort.*)

LE LAQUAIS, *à Arifte.*

Voilà une lettre que l'on a remife au Suiffe pour vous : elle vient de l'Académie.

ARISTE.

(*A part.*) C'eſt de l'Ecuyer : je l'attendois. (*Haut au Laquais.*) Cela ſuffit. (*Le Laquais ſort.*) Voyons ce qu'il me marque.
(*Il lit.*)

MONSIEUR,

„ Mrs. de Blancé, de Flécourt, Dain-
„ ville & de Montcelle, iront, ainſi que
„ vous le déſirez, féliciter cet après-midi
„ M. de St. Val ſur ſon mariage. Avec
„ le projet que vous avez de mettre ſous
„ ſes yeux un tableau des vices, & des
„ ridicules qui déshonorent notre jeuneſſe
„ d'à-préſent, vous ne pouviez pas mieux
„ choiſir. Je ſuis, &c.

(*Après avoir lu.*) Je les connois. Je compte
bien ſur les défauts qu'ils étaleront aux yeux
de St. Val, & ſur l'horreur qu'il en con-
cevra, pour l'en mettre pour toujours à l'a-
bri. Que ne ſuis-je auſſi ſûr de le rendre
docile à la volonté de ſon pere ! (*Il ſort.*)

Fin du premier Acte.

ACTE II.

Le Théâtre repréfente un Sallon.

SCENE PREMIERE.

LE MARQUIS, Sᵗ· VAL, ARISTE, DUMONT, DEUX LAQUAIS.

LE MARQUIS, *à Dumont.*

Ayez foin, Dumont, que tout foit ici dans l'ordre : les appartemens bien éclairés, la table bien fervie. (*Il lui parle à l'oreille.*) Vous entendez ?

DUMONT.

Cela fuffit. (*Il fort.*)

LE MARQUIS.

(*A l'un des deux Laquais.*) Allez chez le Notaire, & dites-lui qu'il ne fe faffe pas attendre. (*à l'autre Laquais.*) Et vous, allez chez le Metteur-en-œuvre, & rapportez les diamans que je lui ai donné à monter : ils doivent être achevés. (*Les deux Laquais fortent.*) (*à St. Val.*) Votre future, & fa mere, arrivent aujourd'hui à Paris, & viennent descendre ici ; tout est arrangé pour que nous signions votre contrat à leur arrivée. Et bien, mon fils, que pensez-vous des peines que je me donne pour les apprêts de ce grand jour ?

S^{t.} V A L.

Qu'elles font une suite des bontés dont vous m'avez toujours honoré.

L E M A R Q U I S.

Je ne sais pas si vous voyez tout cela du même œil que moi : mais je n'ai jamais rien fait avec autant de plaisir.

S^{t.} V A L.

Croyez, mon pere, que ma reconnois-sance.....

L E M A R Q U I S.

Attendez pour m'en assurer, & pour m'en donner des marques, que l'événement ait justifié les moyens que j'ai pris pour vous rendre heureux. Ils ont pu vous paroître un peu singuliers. Mais dans quelques heures vous me rendrez justice : mes motifs vous seront connus ; & je veux bien choisir Ariste, dont je suis bien sûr que vous ne récuserez pas le jugement, pour arbitre entre vous & moi. Quelque cas que je fasse de ses avis, je ne les ai pas pris dans cette affaire, parce que, je l'avoue, j'ai voulu en avoir seul tout le mérite. J'espère qu'il me

G 4

le pardonnera. (*Il tend la main à Ariste.*)
N'est-il pas vrai, mon ami ?

ARISTE.

Monsieur, un pere aussi bon, aussi sage
que vous, n'a besoin de prendre d'avis que
de lui-même dès qu'il est question du bonheur de ses enfans : c'est une vérité dont
M. de St. Val est convaincu comme moi.

St. VAL.

Oui... mon pere... je vous en assure.

LE MARQUIS.

Pour répondre à des sentimens si loua-
bles, je vais, mon fils, vous donner une
idée de la félicité que je vous prépare. Vous
épousez une personne de dix-huit ans, fille
de condition, & dont un jour la fortune
ne le cédera que de très-peu à la vôtre.
Jusqu'ici, comme vous voyez, les proportions sont gardées ; elles ne le sont pas moins
dans tout le reste. Elle est belle, elle est
douce, elle est sage. Elle a eu pour gouvernante une femme respectable, qui est
dans son sexe ce qu'Ariste est dans le sien ;
c'est vous dire assez qu'elle a reçu la meil-
leure éducation : aussi unit-elle aux solides
vertus du cœur, & à toutes les connoissances d'un esprit cultivé, tous les talens agréables qui centuplent les avantages d'une jolie femme dans la société. Tel est, mon

fils, le tréfor que je vous deſtine. Je ne l'ai point obtenu ſans difficultés, je me ſuis vu ſur le point de le perdre; & il n'y a pas même long-tems que j'en ſuis aſſuré. Jugez de mes inquiétudes! Mais je ne regrette point des peines dont le bonheur de mon fils ſera le fruit, & la récompenſe.

Sᴛ. V A L.

Ah! Monſieur!.... Ah! mon pere!.... Comment pourrai-je jamais reconnoître des bontés, dont mon cœur... dont ma ſenſibilité m'eût encore mieux fait ſentir le prix ſi.... mais.... je n'oſe....

L E M A R Q U I S.

Je m'attendois, Monſieur, à des remercîmens moins pleins de trouble & d'embarras. Mais je vois ce que c'eſt : mon fils trouve du merveilleux dans un portrait qui n'eſt pas celui de beaucoup de femmes de ſa connoiſſance, & la beauté des traits lui fait douter de la reſſemblance. Quoiqu'il en ſoit : j'eſpère que ce fils ne démentira pas l'opinion que j'ai eue de ſa docilité, quand je ſuis deſcendu avec lui à des détails que mon autorité, juſtifiée par la droiture de mes intentions, pouvoit me faire ſupprimer. (*à Ariſte.*) Pour vous, reſpectable ami, envers qui je ne pourrai jamais m'acquitter aſſez au gré de ma reconnoiſsance, je me flatte que vous n'apporterez point d'obstacles aux arrangemens que j'ai pris pour votre fortune. Le Notaire chargé de dresser le contrat de St. Val, l'est aussi de l'acquisition d'une charge pour vous, qui mettra vos vertus & vos talens dans leur vrai jour.

ARISTE.

Je n'ai près de vous, Monsieur le Marquis, que le foible mérite d'avoir rempli de mon mieux l'emploi que vous m'avez confié. Vos bontés pour moi, les témoignages que j'en ai reçus chaque jour, m'ont assez récompensé pour qu'il ne me reste rien à désirer si vous êtes satisfait, & je suis pénétré de reconnoissance....

LE MARQUIS, *vivement.*

Suivant vos propres principes, on n'en doit pas à qui ne fait que son devoir; & le mien, je le répète, est loin, quoique je fasse, d'être rempli à votre égard; mais je ferai du moins tout ce qui sera en mon pouvoir.

St. VAL.

Ariste restera-t-il à Paris?

LE MARQUIS.

Vous ne recevez pas assez bien mes confidences pour que je vous en en fasse davantage. Pour Ariste, je le prie de vouloir bien faire céder sa curiosité à quelques raisons que j'ai encore de lui cacher le lieu de sa résidence. Je vais donner des ordres pour la réception de celle dont vous avez si mal accueilli le portrait. Je viendrai vous prendre à six heures pour aller au-devant d'elle : que je vous trouve prêt. (*Il salue amicalement Ariste, & sort.*)

ARISTE.

Qu'avez-vous fait, mon cher St. Val?

Sᵗ. VAL.

Vous m'avez habitué à tant de franchise que je n'ai pu déguiser mon trouble ; il s'est peint dans l'embarras de mes remercîmens : j'allois même faire l'entier aveu de ma situation. Mais il n'est que différé ; il faut que mon pere la connoisse, & qu'il en soit touché.

ARISTE.

J'approuverois ce parti s'il pouvoit en résulter quelqu'effet avantageux pour vous, sans en produire aucun de fâcheux pour M. votre pere. Mais il ne changera pas de dessein, & vous l'affligerez sans autres fruits que de lui causer des regrets qu'il seroit plus généreux à vous de lui épargner, surtout si, comme je le crois, vous êtes dans l'intention de lui obéir.

Sᵗ. VAL.

A cet égard ma résolution est prise. Je la dois à vos sages conseils ; elle est inébranlable. Mais celle de m'ouvrir à mon pere ne l'eſt pas moins..... J'entends un carroſſe. Ciel ! feroit-ce déja....

A R I S T E.

Cette crainte n'eſt pas fort obligeante pour ceux qu'elle regarde. Mais tranquilliſez-vous, M. le Marquis ne doit venir vous prendre qu'à ſix heures, & il en eſt à peine quatre.

SCENE II.

A R I S T E, Sᵗ· VAL, DUMONT.

D U M O N T, *à St. Val.*

DE s jeunes Meſſieurs qui ſe diſent vos camarades de manège, demandent à vous voir.

A R I S T E.

(*A part.*) Ce ſont mes originaux.

Sᵗ· V A L.

Ce n'eſt guère ici l'inſtant pour moi de recevoir de pareilles viſites.

A R I S T E.

Pourquoi ? Celles-ci diſſiperont peut-être le fond d'humeur que vous faites paroître depuis ce matin, & vous diſpoſeront à mieux recevoir celles de ce ſoir. (*à Dumont.*) Faites entrer. (*à St. Val.*) Vous aurez encore

tout le tems qu'il vous faut pour vous habiller. Ces Meſſieurs ne reſtent pas beaucoup en place : d'ailleurs, vous les congé-
dierez quand vous voudrez ; ce ſont vos
camarades.

SCENE III.

ARISTE, Sᵗ· VAL, BLANCE',
DAINVILLE, FLE'COURT,
MONTCELLE, DUMONT.

*(Dumont donne des ſieges pour tout le monde,
& ſort.)*

BLANCE'.

Notre vieux radoteur d'Ecuyer nous
a dit que l'on te marioit : nous venons t'en
faire compliment.

Sᵗ· VAL, *faiſant ſigne de s'aſſeoir.*

Meſſieurs, je vous ſuis obligé : mais je
ne croyois pas cette affaire ſi publique.

ARISTE.

C'eſt moi qui l'apprit hier à M. l'Ecuyer
en vous menant à l'Académie.

FLE'COURT.

La future eſt jeune, jolie, riche ſur-tout ;
c'eſt quelqu'héritiere de la Finance, dont
la dot va tripler ta fortune ? Tant mieux :

nous viendrons fouvent faire notre cour à
Madame. Pour ma part je te donne au moins
quatre fois par femaine rendez - vous à ta
table. Tu nous prêteras de l'argent, tu nous
donneras des fêtes : vas, vas, nous t'aide-
rons à preffurer le beau-pere ; ces Meffieurs
ont *bon dos.*

Sᵀ. V A L.

Je ne connois point encore la femme qui
m'eft deftinée : ce que je fais feulement,
c'eft que nos conditions font égales , &
qu'elle eft du choix de mon pere.

D A I N V I L L E.

Ma foi tant pis : une fille de condition eft
rarement riche, & une femme du choix d'un
pere eft encore plus rarement celle qui nous
convient. Il eft bien fingulier que ces bonnes gens s'arrogent ainfi le droit de régler
notre deftinée au gré de leurs vues gothi-
ques. Ah ! fi jamais mon vieux bon homme
de pere s'avifoit de me propofer une femme
de fa main , comme je le *rembarrois !* Elle
auroit toutes les qualités , tout le mérite poffible en partage ; elle feroit de la premiere
maifon , & la plus riche héritiere du Royaume , que je la refuferois , ne fut-ce que pour
ne pas donner l'exemple d'une condefcendance ridicule , & toujours nuifible au bonheur des jeunes gens.

ARISTE.

(*A Dainville.*) Et croyez - vous que M.
votre pere souffrit patiemment votre refus?

DAINVILLE.

Patiemment ? Et parbleu il le faudroit
bien. Ne fait-on pas de ces vieilles gens-là
tout ce que l'on veut ? Tout dépend de
savoir s'y prendre : on leur montre de la
fermeté : ils résistent, on s'obstine, ils se fâ-
chent, on les punit ; cela les rend dociles
pour une autre fois. La vieillesse veut être
menée.

St. VAL.

Est-ce des peres dont vous parlez ?

DAINVILLE.

Sans doute. Par exemple : le mien refusa
il y a quelque tems de me donner cinquante
louis dont j'avois le plus grand besoin, car
c'étoit pour une conquête nouvelle que je
voulois faire, & qui étoit à ce prix. Eh bien,
je les empruntai d'un usurier, à vingt-cinq
pour cent d'intérêt par semaine, ce qui
doublât le capital au bout du mois, & forçât
mon pere à payer. Croyez-vous qu'à l'avenir il fasse encore le ladre avec moi ?

MONTCELLE.

Oh ! j'ai fait au mien l'autre jour un tour,
oh ! un tour impayable.

BLANCE'.

N'eſt-ce pas la ſubſtitution que tu as faite adroitement dans ſon cabinet de tableaux, de cinq ou ſix mauvaiſes copies à autant d'excellens originaux, dont tu n'as eu preſque rien ?

MONTCELLE.

Bon ! c'eſt une niaiſerie cela en comparaiſon ; puis *c'eſt ancien.* Ce dont je parle eſt tout *novicime.*

FLE'COURT.

Oh ! contes-nous cela.

MONTCELLE.

Mon pere me chargea la ſemaine derniere d'aller reprendre chez ſon Metteur-en-œuvre les diamans de ma mere, qu'il avoit donné à remonter. En revenant je rencontrai d'Arcueil. Vous le connoiſſez ; c'eſt un *roué* qui ne vit que pour le plaiſir. Il m'entraîna chez le Suiſſe des Tuileries, où nous trouvâmes quatre autres jeunes gens, & autant de demoiſelles de l'Opéra, tous en train de bien s'amuſer. Le dîner fut ſplendide, & très-gai. En quittant la table on joua. Je gagnai d'abord des ſommes, mais bientôt la chance tourna : d'Arcueil, qui étoit l'Amphitrion de la fête, nous tailla au Pharaon, & nous ruina tous. Piqué de ce revers de fortune, & connoiſſant ſes caprices, je voulus ma revanche. Comme

perſonne

perſonne de nous n'avoit le ſol, que celui contre lequel je voulois jouer, & qu'on ne prête pas volontiers des verges pour ſe faire fouetter, je n'oſai emprunter à d'Arcueil ; mais je lui propoſai de jouer contre les dia-mans que j'avois dans ma poche ; ce qui fut accepté.

DAINVILLE.

Tu rattrapas ſans doute ton argent ; car rien ne porte bonheur comme de jouer les bijoux de famille.

MONTCELLE.

Pour cette fois il en fut autrement. Piece à piece je vuidai l'écrin. La ſéance fut lon-gue ; il étoit quatre heures du matin quand à petit bruit je me retirai chez moi, & que je me fus coucher.

FLE'COURT.

Tu ne dus pas faire de fort beaux rêves.

MONTCELLE.

Je dormis aſſez paiſiblement : mais à mon réveil.....

Sᵗ. VAL.

Vous ſentîtes des remords ?

MONTCELLE.

Non ; mais un vif regret de n'avoir pas fait mettre l'épée à la main à d'Arcueil, pour me faire rendre mon argent & mes bijoux. Il eſt lâche : il auroit compoſé. En tout cas, je fais mieux des armes que lui ; je l'aurois tué, & lui aurois tout repris. L'idée malheureusement ne m'en vint pas. La faute étant faite, je ne m'occupai plus que des moyens de faire avaler la pilule à mon pere.

DAINVILLE.

Voici le plaisant ; car jusqu'ici vous m'a‑ vouerez qu'il n'y a rien d'extraordinaire.

MONTCELLE.

En voici ; écoutez bien. Je passe à la hâte un surtout, & me servant du don des larmes que j'ai acquis dans mon enfance à force d'être fouetté, je descends tout en pleurs chez mon pere, & jettant les hauts cris, je lui racontai qu'ayant été entraîné la veille dans une maison, d'où l'on s'étoit retiré fort tard, la crainte de l'éveiller m'avoit empêché de fermer la porte de ma chambre, qui est au-dessus de la sienne ; & j'ajoutai, avec un redoublement de sanglots, qu'à mon réveil je n'avois plus trouvé ni ma bourse, ni ma montre, que j'avois mis avec l'écrin de ma mere sur ma table de nuit. Et l'écrin, me demanda-t-il avec vivacité ? Oh ! pour l'écrin, lui dis-je, en le tirant de ma poche, le voici. Il l'ouvre précipitamment : & les diamans, s'écrie-t-il ? N'y sont-ils pas, lui demandai-je, de l'air & du ton le plus surpris ? Pour toute réponse il renverse l'écrin. A cette vue je crie comme un forcené, je me roule par terre, je m'arrache les cheveux. Ah ! m'écriai-je, du ton de défespoir, les diamans auront été avec ma bourfe & ma montre. Remarquez, par parenthefe, que je ne mentois pas.

ARISTE.

Et M. votre pere fut dupe de vos grimaces ?

MONTCELLE.

Au point, que craignant que ma mere n'entendiffe mes cris, il s'empreffa à calmer ma douleur, en me donnant cent louis pour aller réparer mes propres pertes, & fe chargeât de retrouver le vol, ou de le remplacer.

BLANCE'.

Il a raifon : le tour eft impayable.

FLE'COURT.

Très-plaifant.

DAINVILLE.

Je voudrois pour beaucoup l'avoir fait.

ARISTE.

L'affaire en eft-elle reftée là ? Et depuis qu'elle eft arrivée, M. votre pere n'a-t-il fait aucune perquifition ?

MONTCELLE.

Oh ! pardonnez-moi : il a fait prefque maifon nette. La plupart de fes gens font en prifon ; & mon valet-de-chambre aura demain, ou après, la queftion ordinaire & extraordinaire. Mais il ne dira rien, non plus que les autres ; j'avois renvoyé ma voiture en entrant aux Tuileries ; je fuis revenu feul, & à pieds, & tout le monde étoit couché chez moi quand j'y fuis rentré, excepté le Suiffe, que mes largeffes ont mis depuis long-tems dans mes intérêts.

Sr. VAL.

Et quoi, Monfieur! vous fouffrirez qu'on mette votre valet-de-chambre à la torture ?

MONTCELLE.

A votre avis, aimeriez-vous mieux que je convinffe du fait ? Après tout, nos gens ne doivent-ils pas fe facrifier pour nous ?

FLE'COURT.

Sans doute, c'eft tout fimple.

DAINVILLE.

Sans contredit. Mais je ne reviens pas de la bonhommie de ton pere. Convenons que tous ces vieillards, qui difent avoir été fi fins jadis, ne font aujourd'hui que de franches dupes qu'on mène comme on veut par le nez.

BLANCE'.

Ce dont il faut convenir auffi, c'eft que Montcelle eft merveilleux pour faire, comme il dit, avaler des pilules; & que rien n'approche de ses talens dans l'art de feindre, & de tromper.

MONTCELLE.

Trève de complimens, mon cher Blancé: on sait aussi tout ce que tu vaux; & ton petit mariage pour rire n'est pas d'un homme sans talens dans l'art pour lequel tu vante si fort les miens.

BLANCE'.

Il est sûr que je ne fus pas mal-adroit. Cependant je n'eus pas le mérite de l'invention; les circonstances ont presque tout fait.

DAINVILLE.

Comment! je ne sais pas cette histoire-là: oh! tu nous la diras.

BLANCE'.

Ce n'est qu'une plaisanterie. J'allois à la campagne: en passant par une petite ville de province, j'apperçois à l'entrée d'une boutique une jeune fille belle comme un ange. J'arrête à l'auberge la plus prochaine, & je m'informe qui étoit ce charmant objet: on me dit qu'elle avoit seize ans, & qu'aussi sage que jolie, elle faisoit toute la consolation de son pere, & de sa mere, qui n'avoient qu'elle pour tenir leur boutique, & leur rendre tous les services qu'exigeoient

leur âge avancé, & leur pauvreté ; ce dont
elle s'acquittoit à l'admiration de toute la
ville. Sa figure m'avoit frappé. Ce qu'on
me difoit m'enflamma, & je réfolus, coûte
qu'il coûte, d'avoir l'aimable Thérèfe ; c'eft
ainfi qu'on me dit qu'elle fe nommoit. Comme en général les vertus provinciales ne font
fi fermes que parce qu'elles font gauche-
ment attaquées, je me promis bien d'employer contre celle-ci toutes les régles de
l'art, & je ne doutai point du fuccès. Je
me trompois. Je fus d'abord chez elle fous
le prétexte de faire quelqu'emplette. J'achet-
tai prefque tout ce qu'il y avoit dans la
boutique, & trouvai tout trop bon marché.
Mes procédés généreux touchèrent la petite
perfonne ; nous caufâmes long-tems cette
premiere fois, & nous étions affez bien enfemble quand je fortis. Pour ne pas vous
ennuyer par le détail de tous les différens
moyens que je mis en ufage pour la féduire,
je vous dirai qu'au bout de quinze jours
je ne me trouvai pas plus avancé que le
premier, excepté que j'étois fûr d'être aimé.
C'en cût été affez à Paris ; mais cela ne
fuffit pas en province. Aux préjugés qui y
font ordinaires, Thérèfe joignoit la manie
de vouloir être époufée, & ce n'eft qu'à
ce prix qu'elle vouloit céder: j'en étois fol.
Il falloit que je l'euffe, ou mourir ; & j'aime
la vie. Je lui fis entendre que tant qu'un

oncle fort vieux, dont j'attendois toute ma fortune, seroit en vie, je ne pouvois lui donner ma main publiquement : mais que si en attendant elle vouloit me suivre à Paris, je l'y épouserois secrettement, & que delà nous instruirions ses parens, & leur enverrions tous les secours qui leur seroient nécessaires. Elle s'obstina à vouloir être épousée avant de partir, & me promit de faire alors tout ce que je voudrois. Que pouvois-je faire ? Ce que je fis, & ce que tout autre auroit fait à ma place : je fis mettre une soutane & un surplis à mon valet-de-chambre, & le reste fut de suite. J'exigeai que mon beau-pere & ma belle-mere ne fussent instruits de rien qu'après notre arrivée à Paris. On consentit à tout, & nous partîmes sans tambour ni trompette. Mon valet-de-chambre avoit pris les devants, autant pour éviter la vue de mon épouse, que pour nous monter à la hâte un petit ménage. Nous le trouvâmes tout prêt, & nous nous y établîmes : Thérèse se croyant la plus heureuse des femmes, & moi étant bien certainement le plus heureux des époux, car j'avois tous les honneurs, & tous les émolumens de l'emploi, sans en avoir les charges. Thérèse écrivoit toutes les semaines à ses parens ; mais ils n'avoient garde de lui répondre, car c'étoit moi qui étoit chargé de mettre les lettres à la poste. Mais il n'eſt point de bonheur durable en ce monde. Le mien commençoit à m'ennuyer par ſon uniformité, lorſqu'au bout de trois ou quatre mois Thérèſe m'annonça qu'elle ſeroit bientôt mere. L'idée d'une femme en couche, d'un enfant qui crie, & d'une nourrice bavarde, m'effraya, & acheva de me dégoûter de mon mariage. Un beau matin je plantai tout là, & j'écrivis à ma veuve qu'elle pouvoit ſe remarier en toute conſcience : que tout ce qui s'étoit paſſé entre nous n'étoit que pour rire. Pour qu'elle n'en douta pas je lui fis remettre mon billet par l'Aumônier qui nous avoit donné la bénédiction nuptiale. Voilà comme s'eſt terminé cette petite aventure, qui n'eſt, comme vous voyez bien, qu'une plaiſanterie.

ST. VAL.

Quoi, Monſieur : vous avez abandonné cette malheureuſe à toutes les horreurs de ſon ſort ?

BLANCE'.

Et que vouliez-vous donc que j'en fiſſe ?

FLE'COURT.

Tu ſais cependant à-peu-près ce qu'elle eſt devenue.

BLANCE'.

Comme tu dis, à-peu-près : la Fleur, un de mes gens, qui vraiſemblablement m'a fuccédé près d'elle dans les droits d'époux, m'a dit, il y a quelques jours, qu'elle étoit accouché d'un garçon, qu'on a mis aux enfans trouvés; & que la mere étoit fort mal, & manquoit de tout. Mais je n'ai point été la dupe du maraut; d'ailleurs, il me vole affez pour avoir foin d'elle, puifqu'il y prend tant d'intérêt.

S^{t.} VAL, *fe levant précipitamment.*

(*A part.*) Quelle barbarie! (*Haut.*) Hola, quelqu'un.

SCENE IV.

LES ACTEURS PRÉCÉDENS, DUMONT.

(*Tout le monde fe lève en même-tems que St. Val, & tandis qu'il parle à Dumont, & à Arifte, les quatre jeunes gens parcourent le Sallon, en paroiffant en examiner les meubles.*)

S^{t.} VAL.

(*A Dumont, à demi-voix, & lui donnant le rouleau d'argent que lui a rendu le Baron de Précourt.*)

Courez, informez-vous de la Fleur, un des gens de M. de Blancé, ou demeure une jeune perfonne nommée Thérèfe, que fon maître a amenée de Province; allez chez elle, & remettez-lui cet argent, en l'affurant qu'on aura foin de fon fort ; mais qu'elle ignore de quelle part vous venez. Volez, ne perdez pas un inftant.   (*Dumont fort.*)

ARISTE, *à demi-voix à St. Val.*

Cela eft bien : cela eft beau.

St. VAL, *de même à Arifte.*

C'étoit fans doute pour cet ufage que le Baron m'a remis tantôt cet argent. (*Aux quatre jeunes gens, en leur faifant figne de fe remettre.*) Pardon, Meffieurs : quand on fe marie on a mille chofes à faire.

DAINVILLE.

Sans gêne : nous allons te laiffer.

St. VAL.

Voudriez-vous bien, Meffieurs, me dire auparavant, où en eft le cours de Phyfique expérimentale ? Vous le fuivez toujours, Monfieur de Flécourt ?

FLE'COURT.

Oui : je vais y bâiller encore quelque-fois : mais j'ignore où l'on en eft. Je fais cet acte de complaifance pour mon oncle le Commandeur, qui a, je ne fais pour-quoi, la rage que je fois favant, & qui met à ce prix une fort groffe fucceffion, après laquelle il me fait diablement languir.

ARISTE.

Que ne fatisfaites-vous fon envie ? Je fuis

bien sûr qu'il récompenferoit votre docilité, en vous faifant part d'avance de cette
riche fucceffion que vous attendez fi impa-
tiemment.

FLE'COURT.

Vous pouvez avoir raifon : mais le moyen
de s'inftruire ? En a-t-on le tems ? on eft
jeune, on eft répandu dans le grand-mon-
de, la fociété vous compte vos momens,
& ceux qu'on employeroit à feuilleter des
livres feroient autant de larcins faits à fes
plaifirs ; & puis, à quoi, je vous prie, fert
la fcience ? A faire des pédans, *d'ennyeux
érudits ?* Pour moi j'ai toujours paru tout
favoir fans avoir jamais rien appris. Il eft
vrai que j'ai eu un Gouverneur admirable
pour faire briller un jeune homme dans le
monde : tous les matins il me faifoit apprendre par cœur deux ou trois phrafes
empoulées, hériffées de grands mots qu'il
n'entendoit pas lui-même, quoiqu'il les eût
arrangés tout exprès, & avec cela j'étour-
diffois tous ceux qui m'écoutoient. On
crioit quelquefois au prodige. Oh ! c'étoit
un aimable homme, que ce Gouverneur.
Je n'ai jamais éprouvé de fa part ni répri-
mande, ni contradiction ; & fa docilité pour
mes moindres volontés, fans l'âge qui nous
diftinguoit, l'auroit fait prendre pour mon
Elève, & moi pour fon *Inftituteur.* Auffi

l'ai-je bien regretté quand après mon Education finie il a été renvoyé.

ARISTE.

Il est sûr que vous lui aviez de grandes obligations. Mais à présent qu'il ne vous fait plus de phrases, comment vous tirez-vous d'affaire, quand on vous parle des mêmes objets sur lesquels vous brilliez tant autrefois ?

FLE'COURT.

Eh!... mais... je dis que je hais les discussions, que c'est ce qui fait que je ne hasarde point mon sentiment ; ou bien je réponds ce qui me vient à l'idée ; le plus souvent je ne réponds rien ; & il me semble qu'excepté mon oncle, tout le monde est content, & doit l'être.

MONTCELLE.

Sans doute ; par exemple : je n'en sais pas plus que Flécourt ; en suis-je moins heureux ! Mes jours s'écoulent dans les plaisirs ; & qu'importe au bonheur de ma vie que Carthage se soit élevé sur les ruines de Rome, ou que Rome se soit agrandie des débris de Carthage ; car, d'honneur, j'ignore très-parfaitement laquelle a précédée, ou succédée à l'autre ; qu'ai-je besoin de savoir que telle Ville est située en tel endroit, que telle riviere passe en tel Pays, qu'un tel Royaume est gouverné par un tel Prince, qu'il diffère de celui-ci par telles Loix, tels Usages, ou telles Productions? Tout cela m'est égal.

DAINVILLE.

Parbleu, à moi aussi : à quoi me serviroit la politique, à moi qui ne doit prendre d'autre intérêt aux querelles des Souverains que celui de mon avancement, qui en tout tems me fait souhaiter la guerre? A tort, ou avec raison, qu'on se batte; c'est tout ce qu'il me faut.

BLANCE'.

Dainville parle juste ; & je demande à mon tour où est la nécessité que nous cultivions nous-mêmes les Sciences & les Arts? Notre fortune ne nous met-elle pas en état d'acheter le travail du Savant & de l'Artiste, & de jouir ainsi à peu de frais, & sans la moindre peine, du fruit de leurs veilles, & des découvertes qu'ils font en tout genre pour l'utilité ou l'agrément de la société ? Jouir, Messieurs, jouir; voilà tout ce que doit savoir un homme de notre rang.

MONTCELLE.

C'est mon avis.

FLE'COURT.

J'ai déja prouvé que c'est le mien.

DAINVILLE.

Si j'en avois un différent je me croirois très-ridicule.

Sᵀ. VAL.

Je dois donc vous le paroître ; car je pense tout autrement. Mais peut-être cela vient-il, Messieurs, de nos différentes manieres de considérer les objets. J'ai certainement bien peu de connoissances en comparaison de ce que j'aurois pu en acquérir si j'avois mieux profité des soins & des peines d'Ariste ; mais ce peu me sert du moins à connoître ce que vous semblez ignorer : je veux dire l'utilité des Sciences & des Arts pour tout le monde , & particuliérement pour les gens de notre forte. Par exemple : l'Histoire m'offre un tableau de traits différens qui me font connoître le cœur humain, élèvent le mien, & le remplissent des principes de la vraie gloire, d'admiration pour la vertu, & d'horreur pour le vice. Si je compare les beaux siécles de la Grèce & de Rome, avec ceux qui les ont précédés & suivis, j'apprends comment se forment les grands Empires ; tout ce qui constitue l'essence d'un Gouvernement sage ; ce qui occasionne ses décroissemens, sa chûte ; l'influence qu'y ont trop souvent les passions de ceux qui en tiennent les rênes. La Géographie me met en commerce avec tous les pays, & tous les peuples de l'univers : la connoiſſance de leurs loix, de leurs uſages, & de leurs diverſes productions, en étendant pour moi les limites de la ſociété, reſſerre encore les nœuds qui m'y attachent, par l'utilité que j'en puis tirer, & par celle que je puis avoir pour elle. Les Mathématiques, en m'ouvrant la porte à toutes les Sciences, m'apprennent à raiſonner juſte, & à ne me rendre qu'à l'évidence ſur tous les objets ſuſceptibles de démonſtration. La Phyſique, en agrandiſſant la ſphère de mes idées, me familiariſe avec des milliers de phénomènes, qui ſans ſon ſecours étonneroient ma raiſon. L'Hiſtoire Naturelle, en me faiſant remonter la chaîne des Etres, depuis le plus petit inſecte juſques à l'homme, & depuis l'homme juſques au Créateur de toutes choſes, me fait connoître l'ordre admirable qu'une ſage Providence a établi parmi cette foule innombrable d'eſpèces & d'individus ; me fait prendre de moi la juſte idée que je dois en avoir, en me voyant placé au centre de tant de merveilles créées uniquement pour l'homme. La Religion, la Philoſophie, viennent m'apprendre à leur tour à rapporter tous ces biens à leur auteur, à en faire uſage ſuivant ſes vues, pour l'amour de lui, & au plus grand avantage de ſes créatures. Les Lettres & les Arts, en multipliant pour moi les moyens de jouir avec agrément de l'exiftence, me fournissent, avec les Sciences, ceux de rendre cette exiftence utile à mes femblables , & de m'acquitter ainfi envers eux des bienfaits que j'en ai reçus. (*Tout le monde fe lève.*)

FLE'COURT.

Voilà ce qui s'appelle raifonner profondément ; cela vaut toute une Encyclopédie. (*Il regarde à fa montre.*) Mais, Meffieurs, vous favez qu'on nous attend à la Foire, & St. Val a des affaires ; s'il veut bien le permettre nous prendrons congé de fon érudition ?

DAINVILLE.

A propos ; je l'avois oublié. Adieu, St. Val, tu m'as donné un goût décidé pour l'Etude, & je vais commencer dès ce foir à lire deux ou trois lignes avant de me coucher. (*Il bâille.*) Je m'apperçois que les Sciences endorment.

BLANCE'.

J'en ferai tout autant. Mais en attendant courons aux Marionnettes : je crains qu'on n'ait commencé.

MONTCELLE.

A revoir, St. Val : hâtes-toi d'avoir des enfans. Tu pourras t'épargner les frais de leur inftruction en les endoctrinant toi-même : tu t'en acquittéras à merveille. (*Ils fortent tous quatre en riant aux éclats.*)

St. Val.

S^{t.} V A L.

Je rirois aussi de leurs ridicules si leurs vices ne me faisoient horreur. A-t-on jamais vu déshonorer l'humanité par plus d'ignorance, & de scélératesse ! J'ai été cent fois sur le point d'éclater, & de les prier de sortir, quand ils nous racontoient leurs indignes prouesses ; mais j'espérois, sinon les corriger, du moins les faire rougir.

A R I S T E.

Vous l'eussiez tenté en vain : les vices qui naissent d'une mauvaise Education, & que fomente l'ignorance, sont incurables.

S^{t.} V A L.

Combien j'aurois d'orgueil de ne pas leur ressembler, si ma vive reconnoissance ne me rappelloit à chaque instant, mon vertueux ami, que c'est à vous seul que je le dois. Je crois cependant que quand même j'aurois été abandonné aux seules leçons de la nature, je n'aurois jamais eu un cœur aussi corrompu, ni des mœurs aussi dépravées que les leurs.

A R I S T E.

La nature ne fait rien de vicieux, & peut-être même, l'homme naît-il avec l'horreur du vice ; mais la société s'étant petit-à-petit corrompue, lorsqu'il y entre sans guide, & que l'ignorance l'y livre à toutes les impresfions du mauvais exemple, il eft prefqu'impoffible que fes propres paffions ne l'égarent ; leur afcendant fur le cœur & fur les fens eft fi fort, que l'Education la plus foignée ne fouftrait pas toujours à leur funefte empire.

St. V A L.

Je vous entends. Voici l'inftant fatal où l'on va me faire prononcer l'arrêt du malheur de ma vie. Mais foyez tranquille : je le concluerai, cet hymen que je redoute ; vous le defirez, & mon pere l'exige : il faut bien vous céder, & obéir. Mais ne m'ordonnez ni l'un ni l'autre, un plus douloureux facrifice, qui ne feroit pas en mon pouvoir. Puiffe celui que je fais ne rendre infortuné que moi ! Et puiffe, mon pere, lorfqu'il l'apprendra, en être affez touché pour y trouver la plus forte preuve que je puiffe jamais lui donner de mon refpect, & de ma tendreffe ; pour me plaindre, & pour ne rien exiger de plus. Je vais m'habiller.

SCENE V.

ARISTE, Sᵗ. VAL, UN LAQUAIS.

LE LAQUAIS, *entrant précipitamment, rencontre St. Val à la porte, le heurte, & tombe.*

Je vous demande pardon, Monsieur, je ne
vous ai pas vu.

Sᵗ. VAL.

L'étourdi. Ne t'es-tu pas fait mal ?

LE LAQUAIS.

Je crois que si ; mais je dois vous en avoir
fait bien davantage.

ARISTE.

Levez-vous.

LE LAQUAIS, *faisant de vains efforts.*

Je ne puis : je sens au pied une douleur
qui m'en empêche. Je venois dire que le
Notaire sera ici dans une heure.

Sᵗ. VAL.

Grand motif de se presser si fort. Mais il
souffre. (*Il lui donne sa bourse.*) Fais bien
prendre soin de toi. (*à Ariste.*) Aidez-moi
à le porter dans sa chambre.

I 2

A R I S T E, *allant à un cordon de fonnette.*

Il n'y a qu'à fonner.

Sᵗ. V A L.

Avant qu'on foit venu nous l'aurons mis dans fon lit ; ils ne le porteront pas , non plus, auffi doucement que nous.

A R I S T E.

Quelle ame fenfible & bonne !

L E L A Q U A I S.

Si peu que je fois foutenu , je crois que je pourrai marcher. (*Arifte & St. Val le relevent & l'aident à marcher.*) Vous avez trop de bonté pour moi.

Sᵗ. V A L.

Trop de bonté pour lui ! comme s'il n'étoit pas un homme comme un autre. (*Ils fortent.*)

Fin du fecond Acte.

ACTE III.

Le Théâtre repréſente une Salle de compagnie magnifiquement meublée. Il y a une table avec tout ce qu'il faut pour écrire.

SCENE PREMIERE.

ARISTE, Sᵗ VAL, *richement vêtu.*

Sᵗ. VAL.

VOILA la victime parée : il ne reſte plus qu'à l'immoler.

ARISTE.

Parlerez-vous toujours ſur ce ton ?

Sᵗ. VAL.

Ah ! du moins n'ôtez pas à un malheureux le ſeul droit qui lui reſte : celui de ſe plaindre : mon pere, j'en ſuis ſûr, ſera moins rigoureux que vous.

ARISTE.

Quoi ! vous tenez toujours à ce parti, malgré mes ſollicitations ! Ah, St. Val ! que

I 3

font devenus les droits que vous m'accordiez autrefois fur tous les fentimens de votre ame ? Ils n'exiftent plus. Je n'en ai cependant jamais abufé ; jamais vous ne m'avez vu les réclamer que pour vous éviter des peines. Ai-je donc un autre motif aujourd'hui ? Une funefte paffion a détruit votre confiance pour un ami qui a tout fait pour la mériter : vous ne m'aimez, vous ne m'eftimez plus, puifque vous ne m'écoutez plus.

S^t. V A L.

Quels reproches ! qu'ils font injuftes ! Moi ceffer jamais d'aimer, d'eftimer, de refpecter mon fecond pere ; un ami qui a tout fait pour moi, à qui je dois tout ce que je fuis ! Non, Arifte, vous ne le croyez pas ; dites donc que vous ne le croyez pas, ou je vais expirer de douleur.

A R I S T E.

Et comment penferois-je le contraire, quand pour la premiere fois ma voix ne fe fait plus entendre au fond de votre cœur, que votre ame repouffe la mienne, & que vous rejettez mes confeils !

S^t. V A L.

Et vous auffi, cruel ami ! je fuis deftiné à être perfécuté aujourd'hui par tout ce qui m'eft cher. Ecoutez-moi : mon pere me foup-

çonne peut-être d'ingratitude, de caprice,
que fais-je s'il ne va pas jusqu'à me croire
capable de manquer de confiance en ses lumieres, & de blâmer fecrétement fon choix?
Ce n'eft qu'en lui ouvrant mon ame toute
entiere que je puis lui ôter des doutes qui
bleffent fon autorité, & doivent affliger fa
tendreffe.

ARISTE.

Faites donc tout ce qu'il vous plaira; &
puiffiez-vous ne pas vous en repentir!

SCENE II.

ARISTE, Sr. VAL, TOUDOR, DUMONT.

DUMONT.

Monsieur Toudor. (*Dumout fort.*)

Sr. VAL, *allant embraffer Toudor.*

Mon cher oncle? Je le croyois à la campagne.

TOUDOR.

J'en arrive, mon garçon. Ton pere m'a
écrit qu'il te marioit; & fans me rien dire
de plus, il m'invite à venir figner aujour-
d'hui ton contrat. J'ai été un peu furpris de
cette politeffe; car il y a vingt-cinq ans

qu'il me boude, parce que j'ai pris le parti de la Finance ; mais j'ai de quoi m'en confoler.

St. VAL.

Il auroit fans doute defiré que vous priffiez comme lui celui des armes.

TOUDOR.

Je l'euffe peut-être fait, malgré une certaine répugnance fecrète pour la guerre, fi j'avois été élevé comme lui, ou plutôt, fi comme lui j'avois été riche ; car dans cette carriere-là, comme dans bien d'autres, on ne s'avance plus qu'à prix d'argent. Mais j'étois le cadet, c'eft-à-dire, que je fus condamné en naiffant, parce que je fuis venu au monde un an après le Marquis, à demeurer gueux toute ma vie. J'ai révoqué cet arrêt. Quelques débats de famille qui défunirent nos parens, forcèrent ma mere à fe retirer à la campagne ; elle me prit avec elle, & me gâta. Mon frere fuivit mon pere à Paris, & delà à l'armée. Son Education fut très-cultivée ; la mienne, au contraire, fut à tel point négligée qu'à peine on m'apprit à lire & écrire ; & voilà la caufe de notre maniere différente de voir, de penfer, & de fentir. A la mort de nos parens, qui fe fuivirent de très-près, ton pere fe trouva un Seigneur fort opulent, & moi un pauvre Gentilhomme : il acheta un ré-

giment ; j'entrai dans les fermes ; il se ma-
ria , je restai garçon ; il me fit la mine ,
j'allai toujours mon chemin ; il cueillit des
lauriers , j'amassai des écus ; il m'estime
peu , je l'honore beaucoup , nous nous
voyons rarement ; voilà où nous en sommes.

St. V A L.

Vous avez du moins l'agrément , mon
cher oncle , d'avoir pleinement réussi dans
le parti que vous avez pris ?

T O U D O R.

Oh ! pour cela oui : je suis ce qu'on appelle puissamment riche. Je viens de l'une
de mes terres où tout respire l'opulence &
la joie. Ce n'est pas un château en Espagne,
celui-là : c'est ma foi un bel & bon palais
en terre ferme , & qui justifie bien le nom
de Toudor qu'il porte, & que j'ai pris ; ce
qui n'y est pas réellement d'or y est doré,
& cela s'étend inclusivement jusqu'aux tuiles.

St. V A L.

Il n'y a certainement point de malheureux
autour de ce riche palais ?

T O U D O R.

Oh ! pour cela non : j'ai des gardes pour
eux comme pour les braconniers : ils n'en
laissent pas approcher un seul de plus près
que deux lieues à la ronde. Je n'entends

point qu'on trouble ma gaîté. Il faut que tout rie autour de moi, ou s'en éloigne.

Sᵗ. VAL.

Mais, si au lieu de faire donner la chasse à ces infortunés, vous répandiez sur eux vos bienfaits ? Ils vous béniroient, & ne vous importuneroient plus.

TOUDOR.

Parbleu je n'aurois qu'à suivre ce conseil, & Toudor seroit bientôt un hôpital des pauvres.

Sᵗ. VAL.

Ce seroit bien plus qu'un palais : alors vous pourriez l'appeller le temple de l'humanité.

TOUDOR.

Que chacun fasse comme moi : je n'avois rien, ou du moins fort peu de chose, quand j'ai commencé, & j'ai préféré d'être l'artisan de ma fortune, à la devoir à qui que ce soit, même à mon frere le Marquis, qui a voulu partager avec moi la sienne. On dépend de ceux de qui l'on reçoit, & j'ai voulu ne dépendre que de moi seul. Mais parlons d'autre chose. Dis-moi, mon garçon, es-tu bien-aise qu'on te marie ?

Sᵗ. VAL.

Comment cela se pourroit-il, je ne con-

noïs pas encore la perſonne qu'on me deſtine ?

TOUDOR.

Tout de bon ? Eh bien, je t'en félicite :
tu auras du moins le plaiſir de la ſurpriſe ;
il y a tant de gens qui ſe marient ſans avoir
même celui-là. Tu ne la connoîtras toujours
que trop tôt. On connoît une femme dans
huit jours, & au bout de cela on n'a pas
une fameuſe connoiſſance. C'eſt comme les
carillons d'horloge, cela redit toujours la
même choſe. Si du moins l'on pouvoit en
changer comme d'habit ! Mais non : c'eſt
un point-de-côté avec lequel il faut vivre,
ſi l'on n'en meurt pas.

Sᴛ. V A L.

Pour ſurcroît de chagrin on me ſépare
de mon cher Ariſte.

TOUDOR.

N'en ſois point en peine : j'ai pour lui
une place toute prête.

A R I S T E.

Pour moi, Monſieur !

TOUDOR.

Oui : c'eſt chez un de mes confreres,
comme moi fort riche, bon homme, &
aimant la joie. Vous ferez bien payé, & n'aurez pas grand-peine. L'enfant eſt fils unique :

c'eſt un héritier qu'on veut ménager : ainſi, peu d'études, beaucoup d'amuſemens, & point du tout de corrections : tout cela eſt aiſé.

ARISTE.

Je ſuis infiniment ſenſible, Monſieur, à la bonté que vous avez eue de penſer à moi pour cette place : M. le Marquis s'eſt chargé de m'en procurer une. Mais quand cela ne ſeroit pas, celle dont vous parlez ne pourroit me convenir.

TOUDOR.

D'où vient cela, je vous prie ? Auriez-vous crainte que vos gages fuſſent trop modiques ?

ARISTE.

Non, Monſieur : un homme qui a aſſez bonne opinion de lui-même pour ſe charger d'en former un autre, & en qui l'on reconnoît les vertus, & les talens néceſſaires pour y réuſſir, doit être au-deſſus de tout intérêt. Mais je ne voudrois pas d'un Elève que je ne pourrois inſtruire, ni corriger. Et ſur quoi donc m'établirois-je quelques droits aux égards, & aux conſidérations auxquelles m'a habitué M. le Marquis ?

TOUDOR.

Ah ! voilà ce que c'eſt : mon frere vous a gâté, Mons Ariſte ; c'eſt ce qui fait que vous le prenez si haut. M. le Marquis, avec infiniment d'esprit, a tout plein de ces petites foiblesses de cœur, que moi je n'ai jamais connues pour personne, (*Jettant un regard de mépris sur Ariste*) sur-tout pour de certaines gens.

Sᵗ· V A L.

Prenez garde, mon cher oncle : Ariste n'est pas.....

T O U D O R.

Il n'est pas : parbleu, il n'est pas le premier moutardier du Pape ; c'est un Gouverneur comme un autre ; & je crois qu'on sait ce que c'est qu'un Gouverneur.

A R I S T E.

Oserois-je, Monsieur, prendre la liberté de vous le demander ? J'ai déja recueilli l'opinion de plusieurs personnes sur ce sujet, j'apprendrois avec plaisir la vôtre.

T O U D O R.

Vous le voulez ? j'aurai bientôt fait. Un Gouverneur est une espece de premier domestique que l'on prend pour se débarrasser du soin de veiller soi-même sur ses enfans ; dont l'emploi est de les empêcher de crier, de se quereller entre eux, & de les occuper à lire, à écrire, & chiffrer, de sorte qu'on n'en soit jamais importuné ; de les accompagner à l'église, à la promenade,

& où l'on veut les envoyer. Quand ils font grands, il les fuit dans leurs voyages, règle leur dépenfe, de façon qu'ils voient du pays, & fe dégourdiffent, fans qu'il en coûte trop aux parens. Au retour on le paie, & on le renvoie, parce qu'on n'a plus befoin de lui.

ARISTE.

Eft-ce là, Monfieur, tout ce que vous avez à dire fur l'état & les devoirs d'un Gouverneur ?

TOUDOR.

Je ne penfe pas qu'il y ait rien à ajouter.

ARISTE.

Je ne fuis pas furpris de vous trouver de cette opinion : elle vous eft commune avec beaucoup de monde, & malheureufement elle n'eft que trop bien juftifiée par le peu de mérite de la plupart de ceux qui rempliffent cette place aujourd'hui. Mais ce n'eft pas la faute de l'emploi, qui par lui-même eft honorable ; c'eft la faute de ceux qui, par des vues étroites, ou de petits motifs d'intérêt, y placent des gens obfcurs, fans délicateffe comme fans capacité. Les Infti-tuteurs naturels des enfans font les peres & meres ; car la nature ne les fit pas moins leurs guides, que les auteurs & les confer-vateurs de leurs jours. Si leurs charges, leurs fonctions dans la fociété, leurs affaires domestiques, ou quelqu'autres raisons, ou prétextes que ce soient, les font se dispenser d'un devoir aussi sacré, peuvent-ils faire choix pour le remplir à leur place, d'un homme trop estimable par ses mœurs, & par ses talens ? Et quand cet homme honnête & instruit les remplace dignement dans la plus auguste de leurs fonctions ; qu'il consacre une partie de sa vie, ses peines & ses veilles, à former le cœur, & à cultiver l'esprit de leurs enfans ; en un mot, à en faire des hommes, il ne sera regardé que sur le pied d'un premier domestique, & toute sa récompense se bornera au foible salaire dont on sera convenu avec lui, comme s'il n'étoit en effet qu'un vile mercenaire ?

TOUDOR., *avec un peu d'embarras.*

J'avoue que.... comme vous présentez la chose.... cela paroît.... une injustice.

ARISTE.

Dites une inhumanité, une barbarie digne de la férocité, & de l'ignorance des sauvages ; mais qu'on ne devroit point attendre d'un peuple poli qui se pique de délicatesse, d'esprit, & d'urbanité.

TOUDOR.

Je conviens qu'un pere a, comme vous le dites, beaucoup d'obligations à un homme qui se charge d'instruire ses enfans, & qui en eft capable. Mais où font-ils ces hommes capables, qui veulent bien prendre cette peine pour les enfans d'autrui, furtout pour le peu qu'on leur donne ? Les mêmes talens qui leur feroient néceffaires pour cela, comme vous le fuppofez, leur vaudroient dix fois davantage dans d'autres emplois.

ARISTE.

Je vous ai déja dit, Monfieur, qu'un tel homme eft au-deffus de tout intérêt. Qu'on accorde feulement à cet état le degré d'eftime & de confidération qu'il mérite, & qu'on ait pour ceux qui le rempliront dignement les égards & les procédés qui leur font dûs, & bientôt on en fera l'afyle de la vertu & du favoir : l'homme bien né, qui a des principes & des mœurs, & qui aura reçu lui-même une Education cultivée, fe fera une gloire & un plaifir de l'embraffer. Il eft fi flatteur d'avoir fait un homme de bien, & de l'avoir mis en état d'être utile à la fociété, que ce prix feul fuffit à qui peut le mériter : c'eft le plus grand de tous ceux qui ont payés mes foins pour M. de St. Val, quoique M. le Marquis m'aie comblé tous les jours de bienfaits.

TOUDOR.

En effet, chacun dit que St. Val eft un fort joli garçon.

ARISTE.

ARISTE.

Il est mieux que cela, Monsieur, & on peut le dire devant lui : il est honnête homme ; & il y a très-peu d'états dans la société qu'il ne puisse remplir avec honneur, par ses connoissances & ses talens.

St. VAL.

Et c'est à vous, respectable ami, à qui je dois tout. Croyez que mon cœur ne l'oubliera jamais.

TOUDOR.

C'est bien parler, mon neveu. Pardon, Monsieur Ariste, je suis vraiment honteux & fâché de ce que je vous ai dit. Je n'ai pas été assez heureux pour avoir eu un Gouverneur ; mais j'en ai connu plusieurs chez mes confreres, & ailleurs, & je n'en ai vu aucun qui vous ressemble : au contraire tous m'ont paru faits comme je vous les ai peints. Mais il n'y a point de régles sans exception, & certainement vous en méritez une dans ce cas-ci, que je fais avec grand plaisir.

ARISTE.

Je vous suis obligé.

TOUDOR.

Je suis bien aise que mon frere se soit chargé de vous placer ; je vois bien à présent que ce que je vous proposois ne sauroit vous convenir.

K

SCENE III.

LES ACTEURS PRÉCÉDENS, UN LAQUAIS, UN SOLDAT.

LE LAQUAIS.

(*A St. Val.*) VOILA un Soldat qui se dit envoyé vers vous par M. le Marquis. (*Le Laquais sort.*)

LE SOLDAT.

M. votre cher pere, qui étoit tout-à-l'heure cheux un vendeux de bijoux, & qui m'a vu passer, m'a appellé, & m'a dit comme ça : L'Aramée, vas-t-en cheux moi dire à mon cher fils qui s'tienne tout prêt, que je vas venir l'quérir pour aller où il sait ben. Je me fais l'honneur d'exécuter ses ordres, ainsi vous voilà t'averti. (*Il salue comme s'il sortoit.*)

Sᵀ· VAL.

Bien obligé, mon ami.

TOUDOR, *présentant un écu au Soldat.*

Tiens, mon enfant, voilà pour boire.

LE SOLDAT.

Grand merci, Monsieur : je ne suis point zalteré. D'ailleurs, je n'ai pas l'honneur de vous connoître : & fous cet habit-ci on ne reçoit pas pour boire de tout le monde.

T O U D O R.

Excufez : je ne croyois pas les Soldats fi délicats.

LE SOLDAT.

C'eft que vous ne l'avez jamais été. M. le Marquis fait ben ce qu'il en eft , lui. Pourquoi ça ? C'eft qu'il l'eft, & le fera toute fa vie, & des bons encore, je m'en vante.

Sᵗ. V A L.

Vous l'avez donc connu quand il fervoit ?

LE SOLDAT.

Dites, quand je fervions. Oui, oui, Monfieur , je l'ai connu : il m'a connu auffi. J'étois dans fon régiment quand on m'a tiré pour me mettre aux Guernadiers à cheval, où je fuis t'à-préfent. Nous nous fommes vu au feu. Il eft brave comme mon épée. Mais en fait de ce qui eft de ça, je ne lui cède en rien. De plus, il eft jufte : il a toujours été le pere de fes Soldats. (*à Toudor.*) C'eft d'un homme comme ça qu'un Guernadier peut recevoir la piece fans rougir : égaux en courage, ce font deux camarades, dont l'un partage fon butin avec l'autre. Mais un Soldat prendre de l'argent d'un homme qui n'eft pas militaire ! pas d'ça : ça gâte

K 2

l'honneur. Mais voilà bientôt l'appel : Meffieurs, je vous falue. (*Il fort.*)

A R I S T E.

A travers fon jargon foldatefque, comme
les principes du véritable honneur fe font
fait fentir ! Et quelle école ce feroit que le
fervice , fi comme dans d'autres états il
n'étoit quelquefois dégradé par les vices les
plus crapuleux.

St. V A L.

Ce n'eft pas , je crois , la faute du fervice.

T O U D O R.

Ma foi il eft bien rare de voir un Guer-
rier , fur-tout quand il eft jeune , n'être pas
un peu libertin.

A R I S T E.

C'eft qu'un des préjugés de la jeuneffe
qui entre dans cette carriere-là , & qui l'y
fait entrer avec tant de plaifir , eft de fe
croire tout permis. Mais le tems, l'exemple des Chefs , & les fuites , quelquefois
funeftes , qu'entraînent les moindres écarts ,
l'en font bientôt revenir. Eft-il rien de plus
eftimable , & même de plus aimable , qu'un
Militaire qui a paffé trente ans !

SCENE IV.

LES ACTEURS PRÉCÉDENS, LE MARQUIS.

LE MARQUIS, *à Toudor, qu'il embrasse.*

Ah, mon frere! que je suis ravi de vous voir, & que je vous sais gré de votre complaisance!

TOUDOR.

Vous voyez, Monsieur le Marquis, mon empressement à me rendre à votre invitation.

LE MARQUIS, *lui pressant la main.*

Je vous en remercie. (*à St. Val.*) Le Notaire vient d'arriver; vous voilà prêt : partons, nous n'avons juste que le tems qu'il nous faut.

St. VAL.

Mon pere....

LE MARQUIS.

Quoi donc?

St. VAL.

Me seroit-il permis de vous ouvrir mon cœur?

LE MARQUIS.

Oui : si ses sentimens sont en tout conformes à votre devoir.

K 3

Sᵗ. V A L.

N'en doutez pas : ma foumiffion égale
ma refpectueufe tendreffe ; mais quand ce
qu'elle exige me coûte le plus douloureux
facrifice, ne puis-je pas efpérer d'y voir
mon pere fenfible !

LE MARQUIS.

Qu'eft-ce à dire, Monfieur, le plus douloureux facrifice ? Quoi, quand tous mes
foins fe font réunis pour vous procurer un
bonheur digne d'envie, je n'en dois attendre pour prix de votre part que des plaintes ou des reproches !

Sᵗ. V A L.

Paffé cet inftant, vous n'entendrez plus
ni les unes, ni les autres. Ce n'en font pas,
même, que je vous fais ; c'eft un aveu néceffaire, & qui pèfe à mon cœur. Ce cœur
eft déchiré ; daignez y lire.... vous me
plaindrez. Vous n'avez point oublié la fatale vifite que nous fîmes hier, & où j'ai
retrouvé l'écueil de ma liberté, & peut-
être celui de ma vertu. Vous avez vu Lucile, vous avez été témoin de la vive impreffion que fa rencontre imprévue à faite
fur tous mes fens ; ce n'eft rien en compa-
raifon de celle qu'elle a faite pour toujours
fur mon ame. Cette paffion, née il y a un
an, à cette fête où vous me menâtes à la

Cour, s'étoit affoupie : du moins, je le croyois ; ainfi qu'un feu qui a couvé long-tems fous la cendre, elle s'eft rallumée en revoyant Lucile, & je fens bien qu'elle ne s'éteindra jamais.

LE MARQUIS.

Auriez-vous penfé, en me faifant cet indifcret aveu, qu'il me feroit renoncer à des projets formez, & conduits depuis plufieurs années, & dont je me fuis promis votre félicité, & la mienne ; & cela pour me prêter à une paffion frivole & criminelle, dèslors qu'elle eft prife à mon infu ? Ne vous en flattez pas : votre amour ridicule eft un feu folet, qui s'éteindra en ne revoyant plus l'objet dangereux qui l'a allumé.

St. VAL.

Ne l'efpérez point, mon pere : ce qu'une année de perpétuels combats, mes réflexions, les fages confeils d'Arifte, & mon profond refpect pour vous n'ont pu faire, dois-je l'attendre du tems ?

LE MARQUIS.

Lucile eft belle : je lui dois même cette juftice, tout le monde la trouve aimable. Mais celle que je vous deftine ne lui cède en rien. Vous avez fans doute oublié le portrait que je vous en ai fait tantôt ?

Sᴛ. V A L.

Non, mon pere : il m'en souvient très-
bien. Mais fût-elle, s'il est possible, plus
belle & plus aimable que Lucile, elle n'a
rien à attendre de mon cœur : il est rempli, & il ne peut l'être à la fois par deux
objets.

LE MARQUIS.

Que vous proposez-vous donc de faire ?

Sᴛ. V A L.

D'avoir pour l'épouse que je vais recevoir de votre main, tous les égards, &
toutes les attentions auxquelles elle aura
des droits comme votre fille ; de lui cacher autant que je le pourrai le triste état
de mon cœur, & de mourir de regret de
ne pouvoir lui offrir davantage, & de répondre si mal aux volontés du pere le plus
tendre, & qui, je le sais bien, n'a voulu
que mon bonheur. Si je vous ai fait un
aveu qui blesse votre tendresse, & coûte
infiniment à la mienne, ce n'est pas pour
obtenir la rupture d'un engagement que
vous avez résolu ; je suis prêt à obéir.
Mais si je vous avois laissé ignorer la cause
du trouble, & de l'embarras avec lesquels
j'ai reçu tantôt les témoignages de vos bontés, & les motifs de la conduite que je se-
rai forcé de tenir avec la personne qui va

m'être unie, vous m'accuseriez d'ingratitude, ou de bizarrerie ; à présent vous me plaindrez, & j'ose espérer que vous ne m'en estimerez, & ne m'en aimerez pas moins ; c'est tout ce que je me suis promis.

ARISTE.

Je dois cette justice à M. de St. Val : il vous eût caché son secret, que je ne sais moi-même, que depuis quelques heures, s'il n'eût craint de vous faire soupçonner sa tendresse, & sa soumission.

LE MARQUIS.

Dans quel trouble, & quels embarras, tout cela me jette moi-même !

TOUDOR.

Vous me faites tous deux pitié. Attendez.... est-ce que cela ne pourroit pas s'accommoder avec de l'argent ?

Sᵀ· VAL.

O ciel, mon oncle ! que proposez-vous ? Un tel moyen est ici impraticable : d'ailleurs, un mariage résolu par mon pere, n'aura point d'opposition à éprouver de ma part. Obéir, quoi qu'il m'en coûte, est tout ce qui me reste à faire.

TOUDOR.

Quel diable, moi ! il me semble que dans ce monde tout s'arrange avec une bonne somme.

LE MARQUIS.

Non, mon frere, non : l'argent ne peut jamais être une compensation des avantages sans nombre qu'on se promet d'un mariage bien assorti. Mlle. de Meyrand, car c'est elle que je destinois à St. Val, est d'une condition égale à la nôtre, & sa fortune ne diffère que de fort peu de celle de mon fils ; ainsi vous voyez que l'expédient que vous offrez ne sauroit avoir lieu.

ARISTE.

Ah ! Monsieur de St. Val, quel trésor vous perdriez-là ! J'ai eu occasion de voir Mlle. de Meyrand, & de lui parler quelquefois en allant visiter ma sœur, qui a été la gouvernante : c'est un ange.

S^{t.} VAL.

Hélas !....

TOUDOR.

En effet, on en parle dans le monde avec admiration. (*Au Marquis.*) Vous étiez autrefois fort ami du Comte de Meyrand, son pere.

LE MARQUIS.

Je le suis toujours : c'étoit pour resserrer encore les nœuds de cette ancienne amitié que nous nous étions promis d'unir nos enfans. Il y a environ un an que Mlle. de Meyrand se détermina tout-d'un-coup, &

l'on ne fait pourquoi, à prendre le parti du cloître : elle étoit pour lors à Paris ; on l'emmena à la campagne, où elle eft toujours reftée depuis, & où fa famille, à mes follicitations, a fait l'impoffible pour lui faire changer de deffein. Ce n'eft que depuis très-peu de tems qu'on y a enfin réuffi. Pouvois-je m'attendre à trouver dans le cœur d'un fils, jufqu'à préfent fi foumis, & fi confiant, la funefte paffion dont il m'a fait myftère. Si les engagemens que j'ai pris pour lui étoient de nature à pouvoir fe rompre ! Mais ma parole eft donnée.

Sᵗ. VAL, *vivement.*

Il faut la tenir, mon pere, il faut la tenir.... duffé-je en mourir. Je n'ai voulu que vous attendrir fur mon malheureux fort, & non vous le faire changer. Au défaut de l'amour, qu'on ne fe commande pas, Mlle. de Meyrand aura tous les autres fentimens de mon cœur : mon eftime, mon amitié, mes égards, & mes procédés, la dédommageront de ce qu'il n'eft pas en mon pouvoir de lui offrir.

TOUDOR.

Mon neveu ! les femmes ne s'y trompent pas : prends-y garde ; fi jamais la tienne s'apperçoit qu'une autre a ton cœur, & il y a mille contre un à parier qu'elle s'en appercevra, elle prendra ſa revanche, je t'en avertis.

Sᵗ. V A L.

Non, mon oncle, je ne le crains pas : une épouſe du choix de mon pere ne peut être qu'une femme reſpectable. Si malgré moi elle lit dans mon ame, elle me plaindra : elle me ſaura gré des efforts continuels qu'elle me verra faire pour me vaincre, & ſon eſtime en ſera le prix.

T O U D O R.

Tarare! on n'eſtime point qui nous outrage ; & ton crime eſt celui que les femmes pardonnent le moins, après celui de ne les pas trouver jolies, car l'un équivaut preſqu'à l'autre.

L E   M A R Q U I S.

Que je vous plains, mon fils : & quel affreux avenir vous nous préparez à tous! Que ne vous êtes vous ouvert à moi ! ou que n'ai-je pu prévoir ce qui arrive ! je ne me ſerois pas tant avancé. Mais.... attendez..... Si au lieu de vous, le Comte de Meyrand vouloit m'accepter pour gendre? J'acquitterois ainſi ma parole, & vous deviendriez libre de former les nœuds que vous deſirez. Oui : malgré mon âge & ma répugnance pour un nouvel engagement, je me ſens capable de ce ſacrifice pour aſſurer votre bonheur.

TOUDOR.

Avec votre permission, mon frere, cet expédient-là ne vaut guère mieux que le mien : le projet du Comte de Meyrand & le vôtre, sans doute, en unissant vos enfans, a été de relever les deux familles par des héritiers ? Mais, entre nous, mon cher Marquis, près de quarante années de services militaires, & au moins autant à celui des Belles, sont de fort méchans pronostics pour votre postérité. D'ailleurs, si la jeune personne voit une fois mon neveu, je doute fort que vous la rangiez de votre parti, car franchement vous ne gagnez pas à la comparaison.

LE MARQUIS.

J'en conviens. Mais vous, mon frere, vous êtes plus jeune que moi ; vous êtes garçon, vous pourriez.....

TOUDOR.

Je suis votre valet, je n'acquitte les dettes de personne ; je n'aurai pas résisté jusqu'à présent à la tentation de faire une sottise, pour la faire quand rien ne la rendroît plus excusable. J'aime ma liberté, j'ai tout sacrifié pour elle ; & ce qu'elle me coûte, & l'habitude d'en jouir, me l'ont rendue si chere que je sacrifierois encore volontiers les trois quarts de ma fortune, plutôt

que de m'expofer à la perdre. Si le moyen
que j'ai offert avoit pu convenir, j'aurois
de tout mon cœur doublé, triplé, même
s'il l'eût fallu, la dot de la future, pour
dégager St. Val. Cela ne pouvant avoir
lieu, je n'y peux rien. Après tout, ce n'eft
pas moi qui le marie ; j'aurois pris des précautions qui m'auroient épargné l'embarras
où vous êtes, &.....

Sᴛ. V A L.

De grace, mon cher oncle, finiffez des
reproches qui affligent le meilleur des peres,
& qui m'offenfent. Je rougis d'être la caufe
de pareils débats. Suivez, mon pere, accom-
pliffez votre premier deffein. N'ayez égard
ni aux mouvemens de votre propre tendreffe,
ni aux injuftes reproches de mon oncle,
ni à la douleur involontaire de votre malheureux fils : que rien ne vous arrête ; quand
vous vous offrez à me facrifier votre répugnance, moi qui vous doit tout, qui vous
adore, ferois-je moins généreux ! (*Il prend
la main du Marquis & la baife avec tranfport.*)
Je vous immolerois ma vie..... Courrons,
volons au-devant de mon époufe.

L E M A R Q U I S.

Nous n'irons pas bien loin..... (*La porte
s'ouvre.*)

SCENE V, & derniere.

LES ACTEURS PRÉCÉDENS, Mad. DE MEYRAND, Mlle. DE MEYRAND, UN NOTAIRE.

LE MARQUIS.

LA voilà.

S^t. V A L, *transporté de joie, sautant au col de son pere, embrassant son oncle & Ariste, & tombant aux genoux de Mlle. de Meyrand.*

Ah, ciel! c'eſt mon adorable Lucile! (*Au Marquis.*) O mon tendre pere! (*à Teudor.*) Mon oncle! (*à Ariste.*) Cher ami! (*à Mlle. de Meyrand.*) Divine Lucile, fille adorée du plus tendre des amans! Mais comment puis-je suffire à mon bonheur! & par quel prodige......

LE MARQUIS.

Peu de mots vont vous en inſtruire, ſi Mademoiſelle le permet.

Mlle. DE MEYRAND.

Ah! Monſieur, qu'allez-vous dire? (*Elle court se jetter dans le sein de sa mere.*)

Mad. DE MEYRAND.

Dites, dites, Marquis; ma fille n'a pas perdu un mot de tout ce que vient de vous

dire M. de St. Val : il faut punir fa curiofité, en faifant lire votre fils dans fon cœur,
comme elle vient de lire dans le fien.

LE MARQUIS.

C'eft bien dommage que le Comte de
Meyrand foit retenu par la goutte, il me
feroit ici d'un grand fecours. Mais nous irons
le voir, & nous lui apprendrons le fuccès
de notre ftratagême, ce qui va le rajeunir
de vingt ans. Son projet & le mien étant,
mon fils, de vous unir à Lucile, nous vous
avons fait élever l'un pour l'autre. Arifte
vous a été donné, & fa fœur formée par
lui-même, fut mife près de Mlle. de Meyrand, qui, comme fille unique, ne portoit
que ce nom. Votre entrevue avec elle, il y
a un an, à cette fête de la Cour, avoit été
concertée entre le Comte, la Comteffe &
moi : je ne doutois point de l'effet qu'elle
produiroit fur vous ; le Comte & la Comteffe me firent efpérer qu'elle feroit le même
fur leur aimable fille. Mon attente & la leur
ne furent point trompée.

Sᵗ. VAL, *fe faifit de la main de Mlle. de Mey-*
rand, & la baife avec tranfport.

Eft-il bien vrai, adorable Lucile ? (*Elle*
fe couvre le vifage de fon éventail.)

LE MARQUIS.

Oh ! très-vrai, & nous le vîmes avec le
plus grand plaifir. L'idée nous vint, au
Comte

Comte & à moi, d'éprouver à la fois votre naissante tendresse & votre sincérité à tous les deux. Nous engageâmes Mad. de Meyrand à emmener Lucile, tandis que nous restâmes à observer vos démarches. Nous vîmes tous les soins que vous vous donnâtes pour la retrouver, & ensuite pour apprendre le nom de sa famille ; mais vous ne pouviez réussir dans l'un ni l'autre de ces projets ; Mlle. de Meyrand sortoit du couvent, & n'étoit encore connue de personne. A notre retour à Paris, je vous fis suivre dans toutes les perquisitions que vous fîtes, dont quelques-unes vous auroient peut-être réussies, si je n'y avois mis obstacle. Mlle. de Meyrand éprouvoit de son côté les mêmes inquiétudes, & les mêmes embarras, du moins nous l'a-t-elle avoué ce matin. (*Elle rougit : St. Val lui baise la main.*) Mais alors elle imita votre réserve. Le Comte voulant la faire parler, lui proposa un mariage en l'air, & eut soin de prêter au mari prétendu tout le mérite imaginable : Lucile refusa net ; & sans s'ouvrir plus pour cela, demanda, comme font toutes les filles dont on contrarie le goût, à être mise au couvent. Son pere se persuadant que dans la solitude son secret lui échapperoit, souscrivit à sa demande ; & moi, attendant le même effet de votre voyage en Angleterre, je vous fis partir pour Londres. Mais ce qui n'étoit qu'une plaisanterie pensa devenir une affaire très-sérieuse, & nous nous sommes vu , le Comte , la Comtesse & moi , sur le point de perdre toutes nos espérances. Mlle. de Meyrand vouloit réellement prendre le voile ; & victime d'un penchant secret, elle vous immoloit sa liberté & sa vie. (*St. Val tombe aux genoux de Lucile , & reste muet d'amour & de reconnoissance.*)

Mlle. DE MEYRAND, *relevant St. Val.*

(*Au Marquis.*) Assez , Monsieur, assez.... par grace.

Mad. DE MEYRAND.

Non : achevez. La petite dissimulée ! rendez-lui tout le mal qu'elle nous a fait.

LE MARQUIS.

J'aurai bientôt fini ; & puisque cela déplait à Mlle.....

Mlle. DE MEYRAND.

Dites , du moins , ma fille : il n'y a que ce titre qui puisse m'excuser.

LE MARQUIS, *après avoir embrassé Mlle. de Meyrand.*

Et bien , ma fille , ma chere fille ! ne consentez - vous pas que sous ce titre si doux, j'acheve d'apprendre à mon fils tout son bonheur ?

Sʳ. **VAL**, *reprenant à son pere le baiser qu'il vient de donner à Lucile.*

Elle y consent, mon bon, mon tendre pere ! Mademoiselle veut bien y consentir ?

LE MARQUIS.

Ce ne fut qu'après avoir employé en vain tout ce que l'autorité & la tendresse paternelle ont de moyens, pour faire renoncer Mlle. de Meyrand à son sinistre dessein, que sous le prétexte d'éprouver sa vocation on l'a ramenée ces jours-ci à Paris. Son émotion l'ayant trahie hier, quand la vôtre vous eut trahi vous-même, j'arrangeai avec le Comte tout le plan que j'ai suivi aujourd'hui. Mlle. de Meyrand a bien voulu faire devant moi, ce matin, les aveux qui m'ont instruit de tout ce que je viens de vous dire. Quant à moi, j'ai voulu, mon fils, tout à la fois vous punir de votre peu de confiance en moi, & éprouver tout ce que pouvoit sur vous la tendresse, & la soumission que vous me devez. J'étois sûr du prix de l'une & de l'autre ; mais vous l'eussiez attendu encore long-tems si vous ne l'eussiez mérité. Me flattant cependant du succès de l'épreuve, par la connoissance que j'ai de votre caractere, j'ai prié Mad. & Mlle. de Meyrand de vouloir bien en être témoins : mais il est tems qu'elle finisse. (*Au Notaire.*) Apportez, Monfieur, votre contrat, que nous le fignions.

T O U D O R.

Un moment, s'il vous plaît.

L E   M A R Q U I S.

Quoi! mon frere, vous oppoferiez-vous?..

T O U D O R.

Oui : je m'oppofe à la fignature de cet acte, jufques à ce qu'on y ait inféré que je donne tous mes biens aux futurs con-joints.

L E   M A R Q U I S.

Ah! mon frere! ce procédé noble & gé-néreux me fait rougir.....

T O U D O R.

Laiffons-là le paffé, & n'en mêlons point le fouvenir défagréable aux douceurs d'un moment qui doit tout faire oublier.

Sᴛ. V A L, *allant embraffer Toudor.*

Ah! je n'oublierai jamais, mon cher oncle, les bontés......

T O U D O R.

Vas baifer la main de ma niece. (*Au No-taire.*) Mettez-vous là, & écrivez. (*Il dicte tout bas.*)

L E   M A R Q U I S.

(*A Arifte.*) Vous m'avez dit, mon ref-pectable ami, que vous aviez fait autrefois toutes les études néceffaires pour le Barreau, & que c'eft là où vous vous feriez placé fi vous aviez eu le choix de votre état. (*Il tire un papier de fa poche qu'il remet à Arifte.*) Tenez, voilà qui vous y placera d'une maniere convenable à vos vertus & à vos talens. La fituation de Mademoifelle votre fœur ne fera pas moins heureufe, par les précautions que l'on a pris pour cela dans la famille de Mlle. de Meyrand.

ARISTE.

Comment puis-je reconnoître.....

LE MARQUIS.

Demandez - nous bien plutôt, à St. Val & à moi, comment nous pourrons jamais nous acquitter envers vous? Mais vous reftez à Paris, & de mon vivant, & après moi mon fils....

TOUDOR, *tenant le contrat.*

Maintenant fignons.

LE MARQUIS.

Nos enfans s'en rapportent bien à nous du foin d'arranger leurs intérêts, & je fuis perfuadé qu'ils aiment mieux figner leur contrat que d'en entendre la lecture. (*Il figne, & tout le monde après lui. Il unit les mains de St. Val & de Lucile.*) Mes enfans! foyez autant, & auffi long-tems heureux que vous méritez tous deux de l'être; enrichifsez la société d'enfans qui vous ressemblent, & pour cela cherchez des Aristes ; & quand vous en aurez trouvés , souvenez - vous que si des jeunes gens vertueux & instruits, sont les Etres les plus intéressans de la nature , ceux qui les ont formez en sont les plus estimables, & les plus respectables. Ne cherchons point ailleurs la source des vertus qui honorent l'humanité , & des vices qui la dégradent : les unes & les autres sont toujours les fruits de l'Education.

F I N.

A P P R O B A T I O N.

Cette Piece ayant pour titre : *Les Fruits de l'Education*, peut être imprimée. Bruxelles ce 30 Janvier 1781.

P. Reuss, Conseiller &
Procureur-Général.

LISTE

DES SOUSCRIPTEURS. (*)

Noms.	Nombre d'Exemplaires.
M. le Duc D'AREMRERG.	6,
M. le Duc D'URSEL.	3,
Mad. la Duchesse D'URSEL.	3,
M. le Comte DE MALDEGHEM, le fils.	1.
M. le Général DE MILTITZ,	3,

(*) Cette Souscription ayant été proposée & ouverte par une Dame de la premiere diftinction, dans la feule vue de mettre l'Auteur à portée de faire les frais de l'impreffion de ce petit Ouvrage, & ce motif généreux ayant fait porter les exemplaires pour lefquels on a foufcrit, à un prix infiniment au-deffus de leur valeur, l'Auteur, pénétré de la plus vive reconnoiffance d'une faveur auffi flatteufe pour fes foibles talens, a cru qu'il étoit de la délicateffe de borner le nombre de fes Soufcripteurs à ce que l'on en voit dans cette Lifte, qui n'eft compofée que des perfonnes les plus qualifiées de la Cour, & de la Ville de Bruxelles, qui par une fuite de leurs lumieres, & de leur goût pour les Sciences, les Arts, & les Lettres, fe font un plaifir de protéger, & d'appuyer ceux qui les cultivent.

LISTE DES SOUSCRIPTEURS.

Noms.	*Nombre d'Exemplaires.*
M. le Comte DE FERRARIS.	3.
Mad. la Comtesse DE FERRARIS.	6.
Mad. la Princesse CHARLES DE LIGNE.	3.
M. le Comte DE MERODE.	2.
M. le Comte DE LANNOY.	2.
Mad. la Comtesse DE LANNOY.	2.
M. Edouard DE WALCKIERS.	1.
M. le Comte DURAS.	1.
M. le Comte DE SPANGEN.	1.
M. le Marquis DE SPONTIN.	2.
M. le Comte DE SPONTIN.	1.
M. le Prince DE STARHEMBERG, le fils.	1.
Mad. la Duchesse D'AREMBERG.	1.
M. le Comte DE RODOAN.	1.
M. le Prince CHARLES DE LIGNE.	3.
M. le Marquis DE LA JAMAÏQUE.	1.

M.

LISTE DES SOUSCRIPTEURS.

Noms.	*Nombre d'Exemplaires.*
M. FITZ-HERBERT.	1.
M. DE St. LEGER.	1.
M. le Marquis DU CHASTELER.	1.
M. le Comte D'ASSON.	3.
M. le Général-Prince DE LIGNE.	3.
M. le Prince DONGNYES DE GRIMBERGHE.	1.
Mad. la Princesse DONGNYES DE GRIM-BEBGHE.	1.
Mgr. l'Evêque de Gand.	1.
Mad. la Princesse Douairiere DE STOLBERG.	1.
M. DE ROMBERG.	1.
M. DE WERVLOET.	1.
Mylord TORRINGTON.	1.

CE petit Ouvrage, dont on a tiré très-peu
d'Exemplaires, se vend à Bruxelles chez
M

l'Auteur, rue des Sols, vis-à-vis l'hôtel d'Herzelles, & chez *J. B. Jorez*, Imprimeur-Libraire, rue au Beurre ; & dans les autres Villes des Pays-Bas aux adreſſes ci-après.

SAVOIR :

A Louvain, chez *J. B. vander Haert.*
A Malines, chez *Hanicq.*
A Anvers, chez *Grangé.*
A Gand, chez *Begyn.*
A Bruges, chez *De Buſſcher.*
A Lille, chez *Jacquez.*
A Namur, chez *La Fontaine.*
A Mons, chez *Bottin.*
A Tournay, chez la veuve *Prévoſt.*
A Amſterdam, chez *Théod. Crajenſcho.*
A La Haye, chez *P. F. Goſſé.*
A Ypres, chez *De Clercq.*
A Liege, chez *Plomteux.*
A Maeſtricht, chez *Lekens.*